KB153370

한글을 알파벳으로 표기하기

가	갸	거	겨	고	교	구	규	그	기
ga	gya	geo	gyeo	go	gyo	gu	gyu	geu	gi

나	냐	너	녀	노	뇨	누	뉴	느	니
na	nya	neo	nyeo	no	nyo	nu	nyu	neu	ni

다	댜	더	뎌	도	됴	두	듀	드	디
da	dya	deo	dyeo	do	dyo	du	dyu	deu	di

라	랴	러	려	로	료	루	류	르	리
ra	rya	reo	ryeo	ro	ryo	ru	ryu	reu	ri

마	먀	머	며	모	묘	무	뮤	므	미
ma	mya	meo	myeo	mo	myo	mu	myu	meu	mi

바	뱌	버	벼	보	뵤	부	뷰	브	비
ba	bya	beo	byeo	bo	byo	bu	byu	beu	bi

사	샤	서	셔	소	쇼	수	슈	스	시
sa	sya	seo	syeo	so	syo	su	syu	seu	si

아	야	어	여	오	요	우	유	으	이
a	ya	eo	yeo	o	yo	u	yu	eu	i
자	쟈	저	져	조	죠	주	쥬	즈	지
ja	jya	jeo	jyeo	jo	jyo	ju	jyu	jeu	ji
차	챠	처	쳐	초	쵸	추	츄	츠	치
cha	chya	cheo	chyeo	cho	chyo	chu	chyu	cheu	chi
카	캬	커	켜	코	쿄	쿠	큐	크	키
ka	kya	keo	kyeo	ko	kyo	ku	kyu	keu	ki
타	탸	터	텨	토	툐	투	튜	트	티
ta	tya	teo	tyeo	to	tyo	tu	tyu	teu	ti
파	퍄	퍼	펴	포	표	푸	퓨	프	피
pa	pya	peo	pyeo	po	pyo	pu	pyu	peu	pi
하	햐	허	혀	호	효	후	휴	흐	히
ha	hya	heo	hyeo	ho	hyo	hu	hyu	heu	hi

매출 대박으로 이끄는
판매왕 영어 회화

초판 8쇄 발행 | 2023년 11월 30일

지은이 | 이형석
편　집 | 이말숙
디자인 | 유형숙

제　작 | 선경프린테크
펴낸곳 | Vitamin Book
펴낸이 | 박영진

등　록 | 제318-2004-00072호
주　소 | 07250 서울특별시 영등포구 영등포로 37길 18 리첸스타2차 206호
전　화 | 02) 2677-1064
팩　스 | 02) 2677-1026
이메일 | vitaminbooks@naver.com
웹하드 | ID vitaminbook　PW vitamin

©2014 Vitamin Book

ISBN 978-89-92683-61-6　(13740)

잘못 만들어진 책은 바꿔드립니다.

매출 대박으로 이끄는

판매왕 영어회화

매장에서 외국인 고객을 사로잡는 판매왕 비법 영어회화!

이형석 지음

Vitamin Book
비타민북

이 책은 각종 매장이나 호텔, 레스토랑 등에서 외국인을 맞아 판매를 하거나 또는 외국에서 쇼핑을 하는 분을 위해 기획된 영어 회화 책입니다.

21세기를 지구촌(global village)이라고 합니다. 그 증거로 TV나 거리에서 외국인은 이제 더이상 낯선 이방인이 아니라 친근한 이웃처럼 느껴질 만큼 일상적인 존재가 되었기 때문입니다.

그래서 외국인을 대할 때 영어는 필수적인 도구이지만 영어를 익히는 것이 그리 만만한 일은 아닙니다. 접객(接客)이라는 큰 전제에서 영어가 전부는 아닙니다. 어쩌면 고객의 마음을 편하게 해주는 여러 가지 배려가 더 중요할 수도 있습니다.

따라서 우선은 고객을 편하게 대하는 미소가 중요합니다. 두 번째는 고객의 말을 알아듣지 못해도 당황하지 말아야 합니다. 사실 고객의 영어를 다 알아들을 수 있으면 회화 책이 필요 없겠지요. 세 번째는 영어로 문장이 생각나지 않으면 어쩔 수 없이 단어나 제스처로 의사소통을 해야 한다는 점입니다.

이 책은 고객을 상대하여 영어로 대화한다는 것을 전제로 하고 있지만, 본인의 영어 실력이 부족하다고 의기소침하면 안 됩니다. 고객은 비영어권에서 온 사람일 수도 있고, 어차피 원어민만큼 잘 할 수도 없으며, 또 한국어로 생활하는 우리가 영어를 못한다는 것이 큰 잘못은 아닙니다. 일례로 필리핀이나 아프리카에서도 영어가 사용되지만 미국 · 영국의 영어 발음과는 차이가 많이 납니다. 그러니까 자신 있게 회화를 입 밖으로 표현하는 것이 빨리 느는 비결이기도 합니다. 이 책은 판매 영어를 다루는 어떤 다른 책보다도 다양한 활용 예문을 실었습니다. 혼자 있을 때 내용 전체를 읽어보면 다양한 상황에 대처할 수 있는 힘이 키워질 것이며, 책에 없는 문장이라도 만들어낼 수 있는 응용 능력이 생겨날 것입니다.

이 책이 외국인 접객에 종사하시는 분들에게 조금이나마 도움이 되기를 바랍니다.

2014년 5월 이형석

01 상품의 소개와 안내 및 구매에 이르기까지의 전 과정을 각 매장별로 분류하여 점원과 고객이 가장 많이 쓰는 회화 위주로 수록했을 뿐만 아니라 고객 대응에서부터 트러블 처리, 레저·관광, 교통, 환화 등 고객을 대하는 판매원으로서 꼭 알아두어야 할 회화로 구성했다.

회화를 급하게 빨리 찾아볼 수 없을까? 03 외국인 고객이 던진 한 마디에 곧바로 표현할 수 있도록 상황별로 색인을 정리해 넣었다. 굳이 목차를 보지 않고도 기본 표현에서부터 각각의 매장에서 많이 쓰이는 영어 회화 등 원하는 표현을 색인을 사용하면 쉽고 빠르게 찾아 쓸 수 있다.

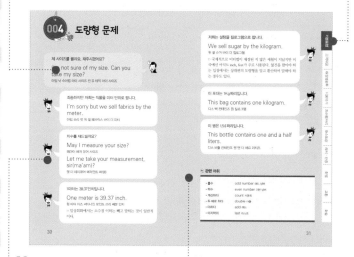

02 회화 문장을 고객과 점원 아이콘으로 나누어 쉽게 찾을 수 있도록 배치하였으며, 한글 발음을 수록하여 한글만 알아도 고객과 대화하는 데 부담이 없도록 꾸몄고, 여행 시 필요한 회화로도 사용할 수 있도록 구성하였다.

04 회화에 필요한 단어를 보충하였으므로 상황에 맞게 재구성하면 초보자라도 쉽고 간단히 회화가 이루어질 수 있도록 구성하였다.

목차

기본 용어

단위

- 거리   distance 디스턴스
- 크기   size 싸이즈
- 높이   height 하잇
- 길이   length 렝쓰
- 미터   meter 미터
- 무게   weight 웨이트
- 부피   bulk 벌크
- 두께   thickness 씨크니스
- 깊이   depth 뎁쓰
- 넓이   width 위쓰

길이 단위

- cm 센티미터   centimeter
- m 미터   meter
- in. 인치   inch
- ft. 피트   feet
- yd. 야드   yard

	centimeter	meter	inch	feet	yard
cm	1	0.01	0.3937	0.0328	0.0109
m	100	1	39.37	3.2808	1.0936
in.	2.54	0.0254	1	0.0833	0.0278
ft.	30.48	0.3048	12	1	0.3333
yd.	91.438	0.9144	36	3	1

🔍 무게 단위

- g 그램   gram
- kg 킬로그램   kilogram
- ounce 온스   ounce
- pound 파운드   pound

	g	kg	ounce	pound
g	1	0.001	0.03527	0.0022
kg	1000	1	35.273	2.20459
ounce	28.3496	0.02835	1	0.0625
pound	453.592	0.45359	16	1

🔍 부피(액체) 단위(미국식)

- ℓ 리터   liter
- pt. 파인트   pint
- qt. 쿼트   quart
- gal. 갤런   gallon

	ℓ	pt.	qt.	gal.
ℓ	1	2.1133	1.0566	0.2642
pt.	0.4732	1	0.5	0.125
qt.	0.9463	2	1	0.25
gal.	3.7853	8	4	1

 Cardinal numbers 기수

0 zero 지어로우	**1** one 원	**2** two 투	**3** three 쓰리	**4** four 포
5 five 파이브	**6** six 식스	**7** seven 쎄븐	**8** eight 에잇	**9** nine 나인
10 ten 텐	**11** eleven 일레븐	**12** twelve 트웰브	**13** thirteen 써틴	**14** fourteen 포틴
15 fifteen 피프틴	**16** sixteen 씩스틴	**17** seventeen 쎄븐틴	**18** eighteen 에이틴	**19** nineteen 나인틴
20 twenty 트웬티	**21** twenty-one 트웬티 원	**30** thirty 써티	**40** forty 포티	**50** fifty 피프티
60 sixty 식스티	**70** seventy 세븐티	**80** eighty 에이티	**90** ninety 나인티	**100** One hundred 원 헌드러드

관련 어휘

- 1,000 one thousand 원 싸우전드 (1천)
- 10,000 ten thousand 텐 싸우전드 (1만)
- 100,000 one hundred thousand 원 헌드러드 싸우전드 (10만)
- 1,000,000 one million 원 밀리언 (백만)
- 10,000,000 ten million 텐 밀리언 (천만)

≫ 우선 10까지, 다음은 20까지 명칭을 외웁시다. 그 다음은 십 단위로 외우면 됩니다. 21~99는 외우지 않아도 됩니다. 십 단위에 일 단위를 붙이면 되니까요.

- 24 : twenty-four 트웬티 포
- 56 : fifty-six 피프티 식스
- 88 : eighty-eight 에이티 에잇
- 99 : ninety-nine 나인티 나인
- 101 : one hundred (and) one 원 헌드러드 (앤) 원

≫ 우리말에선 백, 천, 만이라고 하면 100, 1,000, 10,000이 되지만 영어에서는 꼭 one hundred (1백), one thousand (1천)라고 one을 붙입니다.

- 160 : one.sixty = one hundred and sixty
  원 식스티=원 헌드럿 앤 식스티

- 1160 : eleven sixty = one thousand,
                      one hundred and sixty
  일레븐 식스티=원 싸우전드, 원 헌드러드 앤 식스티

≫ 또 백(百), 천(千), 만(萬), 억(億), 조(兆)에서 단위 명칭이 달라지는 것은 중국·일본·한국이 공통이지만 영어에서는 백(hundred), 천(thousand), 백만(million), 십억(billion)으로 단위 명칭이 달라집니다.

🌑 Ordinal numbers 서수

첫 번째 first 퍼—스트	두 번째 second 세컨드	세 번째 third 써드	네 번째 fourth 포—스	다섯 번째 fifth 피프스
여섯 번째 sixth 씩스	일곱 번째 seventh 세븐스	여덟 번째 eighth 에이츠	아홉 번째 ninth 나인스	열 번째 tenth 텐스
열한 번째 eleventh 일레븐스	열두 번째 twelfth 트웰프스	열세 번째 thirteenth 써—틴스	열네 번째 fourteenth 포—틴스	열다섯 번째 fifteenth 피프틴스
열여섯 번째 sixteenth 씩스틴스	열일곱 번째 seventeenth 세븐틴스	열여덟 번째 eighteenth 에이틴스	열아홉 번째 nineteenth 나인틴스	스무 번째 twentieth 트웬티스
스물한 번째 twenty-first 트웬티—퍼스트	서른 번째 thirteith 써—티스	마흔 번째 fortieth 포—티스	쉰 번째 fiftieth 피프티스	예순 번째 sixtieth 씩스티스
일흔 번째 seventieth 세븐티스	여든 번째 eightieth 에이티스	아흔 번째 ninetieth 나인티스	백 번째 hundredth 헌드러스	

🔍 패턴

- 물방울 무늬　polka-dot 폴커닷

- 바둑판 무늬　checkered 체커드

- 꽃 무늬　　flower-printed 플라워프린팃

- 줄 무늬　　striped 스트라입드

- 무지　　　solid 솔릿

- 테두리 무늬　border print 보더프린트

🎱 색상

- 검은색   black 블랙 / dark 다크
- 하얀색   white 화이트
- 갈색   brown 브라운
- 감청색   navy blue 네이비 블루
- 금빛   golden 고울돈
- 꽃무늬   flower pattern 플라워 패턴
- 노란색   yellow 옐로우
- 녹색   green 그린-
- 물색   light blue 라잇 블루
- 베이지색   beige 베이쥐
- 보라색   purple 퍼-플
- 붉은색   red 레드
- 상아(색)   ivory 아이버리
- 연보라   lavender 래번더 / mauve 모우브
- 연한 황색   pale yellow 페일 옐로우
- 오렌지색   orange 어-린쥐
- 진한 갈색   dark brown 다크 브라운
- 카키색   khaki 캐키
- 파란색   blue 블루-
- 핑크색   pink 핑크
- 회색   gray 그레이
- (색이) 엷은   light 라잇

🔍 계절

봄 spring 스프링

여름 summer 써머-

겨울 winter 윈터-

가을 fall[autumn]
폴-[오-텀-]

- 월요일   Monday 먼데이
- 화요일   Tuesday 튜-즈데이
- 수요일   Wednesday 웬즈데이
- 목요일   Thursday 써-즈데이
- 금요일   Friday 프라이데이
- 토요일   Saturday 쌔터데이
- 일요일   Sunday 썬데이

- 1월   January 재뉴어리
- 2월   February 페브루어리-
- 3월   March 마-치
- 4월   April 에이프릴
- 5월   May 메이
- 6월   June 준-
- 7월   July 줄라이
- 8월   August 어-거스트
- 9월   September 셉템버-
- 10월   October 악토우버-
- 11월   November 노벰버-
- 12월   December 디셈버-

🔍 시간 · 날짜

- 오늘 아침
  this morning 디스 모-닝
- 오전
  morning/A.M. 모-닝/에이엠

- 정오
  noon 눈-
- 오후
  afternoon/P.M. 애프터눈-/피-엠

- 저녁
  evening 이-브닝

- 오늘밤
  tonight 투나잇

* * *

• 오늘	today 투데이
• 어제	yesterday 예스터데이
• 그저께	the day before yesterday 더 데이 비포 예스터데이
• 내일	tomorrow 터마로우
• 모레	the day after tomorrow 더 데이 애프터- 터마로우

* * *

• 금주(월)	this week[month] 디스 위-크[먼스]
• 지난주(지난달)	last week[month] 라스트 위-크[먼스]
• 주말	weekend 위-켄드

• 기념일	anniversary 애너버–서리–
• 휴일	holiday 할러데이
• 생일	birthday 버–스데이

* * *

• 한 시간	one hour 원 아워–
• 30분	half an hour 하–프 언 아워–
• 15분	a quarter 어 쿼터
• 5분	five minutes 파이브 미니츠

🔍 방향 · 위치

• 동 · 서 · 남 · 북	east 이–스트 / west 웨스트
	south 사우스 / north 노스
• 오른쪽	right 라이트
• 왼쪽	left 레프트
• 앞	front 프런트
• 뒤	rear 리어
• 이쪽	this side 디스 사이드
• 반대쪽	opposite side 아퍼지트 사이드
• ～부터 ～까지	from ~to ~ 프럼~ 투~

🔍 주요 국가명

	• 한국	Korea 코리–어
	• 한국인	Korean 코리–언
	• 미국	U. S. A 유에세이
	• 미국인	American 어메리컨
	• 대만	Taiwan 타이완
	• 대만인	Taiwanese 타이와니즈
	• 일본	Japan 저팬
	• 일본인	Japanese 재퍼니즈
	• 중국	China 차이너
	• 중국인	Chinese 차이니–즈
	• 네덜란드	Netherlands 네덜런즈
	• 네덜란드인	Dutch 더취
	• 독일	Germany 저머니
	• 독일인	German 저먼
	• 러시아	Russia 러셔
	• 러시아인	Russian 러션
	• 스위스	Switzerland 스위철런드
	• 스위스인	Swiss 스위스
	• 영국	United Kingdom 유나이팃 킹덤
	• 영국인	English 잉글리쉬
	• 이탈리아	Italy 이털리
	• 이탈리아인	Italian 이탤리언
	• 프랑스	France 프랜스
	• 프랑스인	French 프렌치

Shopping ~

기본 표현
Basic Expressions

인사란 만나자마자 서로의 어색함을 털어버리는 작업으로 고객이 매장에 들어섰을 때 판매 사원의 첫 인사가 그 매장의 인상을 좌우한다. 언어를 배우는 것도 중요하지만 습관적으로 내뱉는 인사보다는 상대를 배려하는 눈빛이나 표정, 정성을 다해서 맞이하는 행동들이 고객에게 호감으로 작용하게 된다.

001 기본 인사

어서 오세요.

Welcome.

웰컴

안녕히 가세요.

Good-bye.

굿바이

죄송합니다.

I'm really sorry.

아임 리얼리 쏘리

감사합니다.

Thank you very much.

쌩큐 베리 머취

잠시만 기다려 주세요.

Please wait a moment.

플리즈 웨이러 모우먼

네, (상품이) 있습니다.

Yes, we have it.

예스 위 해빗

(상품이) 없습니다.

No, we don't have it.

노우 위 돈 해빗

또 오세요.

Please, come again.

플리즈 컴 어겐

여기 있습니다.

Here you are.

히어 유 아

어떠세요? (상품을 권한 후)

How is it, sir(ma'am)?

하우 이짓 써(맴)

그걸로 괜찮으세요?

Is that all right?

이즈 댓 올 라잇

기본표현

고객대응

매장별분류

지불하기

트러블처리

레스토랑

레저 · 관광

호텔

교통

화술

002 가게 찾기

이 지역에서 쇼핑 구역은 어디입니까?

Where's the shopping areas in this town.

웨어즈 더 샤핑 에어리어즈 인 디스 타운

선물은 어디서 살 수 있습니까?

Where can I buy some souvenirs?

웨어 컨아이 바이 섬 수버니어즈

면세점은 있습니까?

Is there a duty–free shop?

이즈 데어러 듀티프리 샵

이 주변에 백화점[할인점]은 있습니까?

Is there a department store[discount shop] around here?

이즈 데어러 디팟먼트 스토어[디스카운트 샵] 어라운 히어

남성복은 몇 층에 있습니까?

Which floor is the men's wear on?

위치 플로어 이즈 더 멘즈 웨어 온

식료품 매장은 어디입니까?

Where's the groceries department?

웨어즈 더 그로서리즈 디팟먼트

3층 남성복 코너 옆에 있습니다.

It is by men's clothing, on the third floor.

잇 이즈 바이 맨즈 클로싱 온 더 서드 플로어

몇 시까지 영업합니까?

How late are you open?

하우 레잇 아 유 오픈

그건 어디서 살 수 있나요?

Where can I buy this?

웨어 컨 아이 바이 디스

고객대응

매장별안내

지불하기

트러블처리

레스토랑

레저 · 관광

호텔

교통

회슙

• 매장	counter 카운터
	department 디팟먼트
• 백화점	department store 디팟먼트 스토어
• 쇼윈도	shopwindow 샵윈도우
• 쇼핑몰	shopping mall 샤핑몰
• 쇼핑센터	shopping center 샤핑 센터
• 에스컬레이터	escalator 에스컬레이터
• 엘리베이터	elevator 엘리베이터
	lift 리프트(영국)
• 진열대	display stand 디스플레이 스탠
• 화장실	toilet 토일럿
	washroom 워쉬룸
	rest room 레스트 룸

각종 상품

• 가방가게	baggage store 배기쥐 스토어
• 가죽제품	leather goods 레더 굿즈
• 골동품	antique(goods) 앤틱(굿즈)
	curios 큐리오우즈
• 공예품	folk handcraft 포크 핸드크래프트
• 과일	fruit 프루옷
• 과자	confectionary 컨팩셔너리
• 구둣가게	shoe store 슈우 스토어
	shoe shop 슈우 샵(영국)
• 꽃집	flower shop 플라워 샵
• 낙농제품	dairy products 데어리 프러덕츠
• 냉동식품	frozen food 프로즌 푸드
• 도자기	ceramic ware 씨래믹 웨어
• 목각	woodcarving 웃카빙
• 문구점	stationery store 스테이셔너리 스토어

- 민예품   folkcraft 포크래프트
- 부엌용품   kitchenware 키친웨어
- 빵집   bakery 베이커리
- 상점   store 스토어
- 생선가게   fish shop 피쉬 샵
- 서점   book store 북 스토어
      bookshop 북샵(영국)
- 세탁소   laundry 란드리
- 스포츠용품   sporting goods 스포팅 굿즈
- 식료품   foods 푸즈
- 식료품점   grocery 그로써리
- 아동복   children's clothes 췰드런즈 클로씨즈
- 안경점   optician 압티션
- 야채가게   vegetable store 베줘터블 스토어
- 약   medicine 매더슨
- 약국   pharmacy 파머씨
      drugstore 드럭스토어
- 양복점   tailor's shop 테일러스 샵
      dress maker's 드레스 메이커즈
- 완구점   toy shop 토이 샵
- 위생용품   sanitary goods 쌔너테리 굿즈
- 유리제품   glassware 글래스웨어
- 유아용품   baby products 베이비 프러덕츠
- 일용품   daily necessities 데일리 니쎄써티즈
- 잡화   general merchandise 제너럴 머천다이즈
- 장난감   toy 토이
      plaything 플레이씽
- 장식품   ornament 오너먼트
- 전문점   specialty store 스페셜티 스토어
- 정육점   meat shop 미잇 샵

003 위치 안내하기

운동복 매장은 어디에 있죠?

Where is Sports Wear located?

웨어 리즈 스포츠 웨어 로케이릿

이쪽[저쪽]에 있습니다.

It is over here[there].

잇이즈 오버 히어[데어]

오른쪽[왼쪽]에 있습니다.

It is on the right[left] side.

이리즈 온 더 라잇[레프트] 사이드

뒤[가운데]에 있습니다.

It is in the rear[center].

이리즈 인 더 리어[센터]

서적 코너 앞에 있습니다.

It is in front of the books section.

이리즈 인 프런터브 더 북스 섹션

남성복 코너 옆에 있습니다.

It is next to the men's wear section.
이리즈 넥스투 더 멘즈 웨어 섹션

3층에 있습니다.

It is in the third floor.
이리즈 인 더 써드 플로어

지하 2층에 있습니다.

It is in the second basement.
이리즈 인 더 세컨 베이스먼트

별관에 있습니다.

It is in the annex building.
이리즈 인 디 어넥스 빌딩

이쪽으로 오세요.

This way, please.
디스 웨이 플리즈

29

도량형 문제

제 사이즈를 몰라요. 재주시겠어요?

I'm not sure of my size. Can you take my size?

아임 낫 슈어럽 마이 사이즈 컨 유 테익 마이 사이즈

죄송하지만 저희는 직물을 미터 단위로 팝니다.

I'm sorry but we sell fabrics by the meter.

아임 쏘리 벗 위 셀 패브릭스 바이 더 미터

치수를 재드릴까요?

May I measure your size?

메아이 메져 유어 사이즈

Let me take your measurement, sir(ma'am)?

렛 미 테이큐어 메져먼트 써(맴)

1미터는 39.37인치입니다.

One meter is 39.37 inch.

원 미터 이즈 써티나인 포인트 쓰리 쎄븐 인치

》 일상회화에서는 소수점 이하는 빼고 말하는 것이 일반적이다.

기본표현

고객대응

매장별분류

지불하기

트러블처리

레스토랑

레저 · 관광

호텔

교통

회슐

저희는 설탕을 킬로그램으로 팝니다.

We sell sugar by the kilogram.

위 셀 슈거 바이 더 킬로그램

》 국제적으로 미터법이 제정된 지 많은 세월이 지났지만 미국에선 아직도 inch, feet가 주로 사용된다. 물건을 팔아야 하는 입장에서는 상대편의 도량형을 알고 환산하여 말해야 하는 경우도 있다.

이 포대는 1Kg짜리입니다.

This bag contains one kilogram.

디스 백 컨테인즈 원 킬로그램

이 병은 1.5ℓ짜리입니다.

This bottle contains one and a half liters.

디스 바틀 컨테인즈 원 앤 더 해프 리터즈

🔍 관련 어휘

• 홀수	odd number	애드 넘버
• 짝수	even number	이븐 넘버
• 계산하다	count	카운트
• 두 배로 하다	double	더블
• 더하다	add	애드
• 마지막의	last	라스트

할인 되나요?

Do you have discount?

두 유 해브 디스카운트

죄송합니다.

I'm sorry.

아임 쏘리

》 손님이 가격 할인이나 기타 무리한 요구를 하는 경우 I'm sorry.라는 표현을 쓰면 정중하게 거절하는 의사 표현이 된다.

할인은 해드리지 않습니다.

We don't give any discount.

위 돈 깁 애니 디스카운트

할인해 드릴 수 없습니다.

We can't reduce the price.

위 캔 리듀스 더 프라이스

죄송하지만 저희 방침이라서요.

We're sorry, but it is our policy.

위어 쏘리 벗 이리즈 아워 팔러시

실례지만 밖에서 담배를 피워주시겠습니까?

Pardon me. Would you mind smoking outside?

파든 미 우쥬 마인 스모킹 아웃사잇

말씀 도중에 죄송합니다만….

Sorry to interrupt, but….

쏘리 투 인터럽 벗

잠시 실례하겠습니다.

Will you excuse me?

윌 유 익스큐즈 미

감사합니다만 저희는 팁을 받아선 안 됩니다.

Thank you, but we can't take tips.

쌩큐 벗 위 캔트 테익 팁스

도움이 필요하면 언제든 부탁하세요.

Call me any time if you need help.

콜 미 애니 타임 이프 유 니드 헬프

006 사과하기

제가 원한 건 이 옷이 아닌데요.

I didn't want this clothes.
아이 디든 원트 디스 클로시스

정말 죄송합니다.

I'm really[terribly, sincerely] sorry.
아임 리얼리[테러블리, 씬씨얼리] 쏘리

사과드립니다.

I apologize to you.
아이 어팔러자이즈 투 유

폐를 끼쳐 죄송합니다.

I'm sorry to disturb you.
아임 쏘리 투 디스텁 유

I'm sorry to trouble you.
아임 쏘리 투 추러블 유

제 잘못입니다.

It was my fault.
잇 워즈 마이 폴트

실수에 대해 사과합니다.

I apologize for the mistake.

아이 어팔러자이즈 포 더 미스테익

그 점에 대해 죄송하게 생각합니다.

I feel sorry about it.

아이 필 쏘리 어바우릿

죄송합니다. 바꿔 드리겠습니다.

So sorry, I will change them.

쏘 쏘리 아 윌 체인지 뎀

기다리게 해드려 죄송합니다.

I'm sorry to have you wait.

아임 쏘리 투 햅 유 웨잇

I'm sorry to have kept you waiting.

아임 쏘리 투 햅 켑트 유 웨이팅

기본표현

고객대응

매장별분류

지불하기

트러블처리

레스토랑

레저 · 관광

호텔

교통

회화

007 칭찬하기

이 옷이 맘에 드는데, 저에게 어울리나요?

I like this one, does this suit me?

아이 라익 디스 원 더즈 디스 수트 미

패션에 식견이 있으시군요.

You have an eye for fashion.

유 해번 아이 퍼 패션

• have an eye for: ~에 안목이 있다

옷에 대한 센스가 좋으세요.

You have a good taste in clothes.

유 해버 굿 테이스틴 클로씨즈

멋져요!

You look nice!

유 룩 나이스

Gorgeous!

고저스

나이에 비해 젊어 보이세요.

You look young for your age.

유 룩 영 포 유어 에이지

어떻게 그리 날씬하세요?

How do you keep in shape?

하우 두유 킵 인 쉐입

당신에게 아주 잘 어울려요.

It really looks good on you.

잇 리얼리 룩스 굿 온 유

It really suits you.

잇 리얼리 수츠 유

옷을 잘 입으시네요.

You dress well.

유 드레스 웰

아주 멋진 가방을 가지고 계시네요.

You have a nice bag.

유 해브 어 나이스 백

기본표현

고객대응

매장별분류

지불하기

트러블처리

레스토랑

레저·관광

호텔

교통

회술

PART 02

고객 대응
Receiving the Customers

매장은 단순히 상품을 판매하는 장소가 아닌 고객에게 서비스를 제공하는 장소이다. 특히 외국인 고객을 맞이할 경우 회화를 잘 못한다고 외축되어 머뭇거리지 말고 먼저 다가가 제스처로 의사소통을 할지라도 고객이 상품을 구매하는 과정이나 품질 문의 및 포장, 인도에 이르는 마무리까지 최선을 다하는 모습을 보여주는 것이 오히려 호의적으로 작용할 것이다.

001 고객에게 말 걸기

안녕하세요![아침 · 점심 · 저녁 인사]

Good morning[afternoon, evening]!
굿 모닝![앱터눈, 이브닝]

≫ 친한 사이일 때는 Good을 생략하고 Morning!/Afternoon!
등으로 말한다.

뭔가 도와드릴까요?

May I help you?
메아이 헬퓨

What can I do for you?
왓 컨 아이 두 포유

Can I be of any assistance?
컨 아이 비 업 애니 어씨스턴스

≫ 같은 뜻이라도 여러 가지로 표현할 수 있으면 영어 실력
이 올라간 것입니다.

뭘 찾으세요?

What are you looking for?
왓 아 유 루킹 포

천천히 보십시오.

Please take your time.

플리즈 테익 유어 타임

>> 손님에겐 친절이나 정중함이 필요하므로 please를 자주 붙이는 게 좋다.

뭔가 필요하시면 부르세요.

If you need any help, let us know.

이퓨 닛 애니 헬프 렛 어스 노우

그냥 둘러보는 겁니다.

Just looking around.

저슷 루킹 어라운드

여기 잠깐 봐 주시겠어요?

Hello. Can you help me?

헬로우 컨 유 헬프 미

이것과 같은 것은 더 있습니까?

Do you have any more like this?

두유 햅 애니 모어 라익 디스

002 취향 묻기

뭘 찾으세요?

What are you looking for, ma'am?

와라유 루킹 포 맴

》 손님이라는 호칭은 남성에겐 sir, 여성에겐 ma'am이라고
한다. 이 호칭은 손님뿐 아니라 윗사람에게도 적용된다.

생각해 두신 것이 있습니까?

What do you have in mind?

왓 두유 햅 인 마인드

어떤 디자인을 염두에 두고 계십니까?

What kind of design do you have in mind?

왓 카인덥 디자인 두유 햅 인 마인드

무슨 색을 원하세요?

What color do you want?

왓 컬러 두유 원트

어떤 타입의 셔츠를 원하십니까?

What types of shirts would you prefer?

왓 타입 어브 셔츠 우쥬 프리풔

어떤 사이즈를 사용합니까?

What size do you take?

왓 사이즈 두유 테

고객대응

예산 묻기

예산은 어느 정도 생각하십니까?

How much would you like to spend?

하우 머취 우쥬 라익투 스펜드

What price range do you have in mind, sir?

왓 프라이스 레인지 두유 햅 인 마인드 써

What price range were you thinking of, ma'am?

왓 프라이스 레인지 워 유 씽킹 업 맴

50달러 이내로 생각합니다.

Not over 50 dollars.

나로버 피프티 달러즈

약 15만 원 정도요.

About one hundred fifty thousand won.

어바웃 원 헌드러드 피프티 싸우전드 원

기본표현

고객대응

매장별안내

지불하기

트러블처리

레스토랑

레저·관광

호텔

교통

숙소

가격은 상관없어요.

I don't care about the price.

아이돈 케어 어바웃 더 프라이스

저렴할수록 좋죠.

The cheaper, the better.

더 취퍼 더 베러

가격이 좀 더 괜찮은 것도 있어요.

We have more reasonably priced ones.

위 햅 모어 리즈너블리 프라이스드 원즈

이 백은 최고급품으로 500만 원 정도 합니다.

This bag is a highest-quality product, the price is about five million won.

디스 백 이즈 어 하이스트 퀄리티 프러덕트 더 프라이스 이즈 어바웃 파이브 밀리언 원

004 상품 권유

여기 샘플이 있습니다. 써보세요.

Here's a tester. Please try it.

히어즈 어 테스터. 플리즈 추라잇

부담 없이 입어 보세요.

Feel free to try it.

필 프리 투 추라잇

그건 세일 중입니다.

It's on sale now.

잇스 온 세일 나우

써보시겠어요?

Would you like to try it on?

우쥬 라익투 추라잇 온

≫ try on은 옷, 신발, 벨트, 반지, 화장품 등 다양한 상품에 쓸 수 있다.

거울은 저쪽에 있어요.

There's a mirror over there.

데어즈 어 미러 오버 데어

이런 건 어떠세요?

How about this?
하우 어바웃 디스

How do you like this one?
하우 두 유 라익 디쓰 원

탈의실은 이쪽입니다.

The changing rooms are here.
더 체인징 룸즈 아 히어

* changing room 탈의실(fitting room, dressing room)

또 필요한 것 있으세요?

Anything else?
애니씽 엘스

적당한 것이 있습니다.

I have something for you.
아이 햅 섬씽 포유

찾으시는 바로 그것이 있습니다.

I have just the thing.
아이 햅 저슷 더 씽

색상이 잘 어울립니다.

That's your color.

댓스 유어 컬러

잘 어울리는군요.

I think it suits well.

아이 씽크 잇 수츠 웰

한정 상품입니다.

It's a limited edition.

잇스 어 리미팃 에디션

아주 돋보이세요.

That flatters you.

댓 플래터즈 유

• flatter 아첨하다, 칭찬하다, 돋보이게 하다

그걸 입으니 젊어 보입니다.

It makes you look young.

잇 메익스 유 룩 영

입을 때 감촉이 좋습니다.

It's very comfortable to wear.

잇스 베리 컴퍼터블 투 웨어.

🔍 관련 어휘 _ 쇼핑 관련 동사

• 결정하다	decide 디싸이드
• 고르다	choose 추즈
• 구경하다, 보다	look 룩
• (값을) 깎다	discount 디스카운트
	reduce the price 리듀스 더 프라이스
• 닫다	close 클로우즈
• 만들다	make 메이크
• (모양, 크기가) 맞다, 어울리다	fit 핏
• 맞추다, 주문하다	order 오더
• 반품하다, 환불받다	return 리턴
• 받다	accept 액셉트
• 보이다	show 쇼우
• 보존하다	preserve 프리저브
• 비용이 들다	cost 커스트
• 사다	buy 바이
	get 겟
	take 테익
• 서명하다	sign 싸인
• 세다	count 카운트
• 시험하다	try out 트라이 아웃
• 싫어하다	hate 해이트
• 어울리다	match 맷취
	suit 수트
• 열다	open 어펀
• 완성되다	complete 컴플리잇
	finish 피니쉬
• 원하다	want 원트
	would like 웃 라익

기본표현
고객대응
매장별분류
지불하기
트러블처리
레스토랑
레저·관광
호텔
교통
회술

• 유행하다	be in fashion 비 인 패션
• 입어 보다	try on 트라이 온
• 잔돈으로 바꾸다	break 브레익
• 잡다	pick up 피컵
• 장식하다	display 디스플레이
• 재다	measure 메줘
• 접다	fold 폴드
• 조립하다	put together 풋 투게더
• 줄어들다	shrink 쉬링크
• 지불하다	pay 페이
• 착용하다	put on 풋 온
	wear 웨어
• 찾다	look for 룩 포
• 팔다, 팔리다	sell 셀
• 포장하다	wrap 랩

005 제품 비교

이것이 좀 더 가볍습니다.

This one is little lighter.

디스 원 이즈 리를 라이터

이것이 더 얇습니다.

This one is thinner.

디스 원 이즈 씨너

디자인이 야한데요.

The design is loud.

더 디자인 이즈 라우드

너무 요란[수수]합니다.

This is too flashy[plain].

디스 이즈 투 플래쉬[플레인]

• flash 값싸고 번드르르한, 야한

더 화려한 것은 있습니까?

Do you have a flashier one?

두유 해버 플래쉬어 원

51

006 제품 설명

이건 아주 인기 상품입니다.

This is quite popular.

디스 이즈 콰잇 파퓰러

이게 요즘 유행하는 겁니다.

This is the present fashion.

디시즈 더 프레즌트 패션

최신형입니다.

This is the latest model.

디스 이즈 더 레이리숫 마들

이것이 가장 잘 팔리는 상품입니다.

This is the largest selling brand.

디씨즈 더 라지스트 셀링 브랜드

사용법이 간단합니다.

It's very easy to use.

잇스 베리 이지 투 유즈

감촉이 아주 좋습니다. 만져 보세요.

It's very smooth. Feel it.
잇스 베리 스무쓰 필릿

🔍 관련 어휘

• 가벼운	light 라잇
• 가장 비싼	the most expensive 더 모스트 익스펜십
• 가장 저렴한	the most reasonable 더 모스트 리즈너블
• 같은	the same 더 쎄임
• 거꾸로 된	upside down 업싸잇 다운
• 견고한	durable 듀어러블
	sturdy 스터디
• 고급품	first-class article 퍼스트 클래스 아티클
• 기능	function 풩션
• 길이	length 렝쓰
• 끼는, 조이는	tight 타잇
• 낮은	low 로우
• 단위	unit 유닛
• 대량으로	in quantity 인 콴터티
• 더 끼는	tighter 타이터 ↔ 더 느슨한 looser 루저
• 더 부드러운	softer 소프터 ↔ 더 딱딱한 harder 하더
• 더 작은	smaller 스몰러 ↔ 더 큰 bigger 비거
• 두꺼운	thick 씩
	heavy 헤비
• 둥근	round 라운
• 무늬	pattern 패턴
• 불량품	defective 디펙팁

기본표현
고객대응
매장별분류
지불하기
트러블처리
레스토랑
레저·관광
호텔
교통
외출

- 비싼　　　　　　expensive 익스펜씹
- 사각인　　　　　square 스퀘어
- 상표명, 브랜드　brand name 브랜 네임
- 세련된　　　　　chic 쉬익

　　　　　　　　　stylish 스타일리쉬
- 신제품의　　　　brand-new 브랜뉴
- 인조의　　　　　artificial 아티피셜
- 싼　　　　　　　cheap 취입

　　　　　　　　　inexpensive 이닉스펜씹
- 작은　　　　　　small 스몰

　　　　　　　　　little 리틀
- 재질　　　　　　quality of material 퀄러티 업 머티리얼
- 적당한　　　　　suitable 수터블
- 중간의　　　　　medium 미디엄
- 중량　　　　　　weight 웨잇
- 질, 품질　　　　quality 퀄러티
- 최고급의　　　　the finest 더 파이니스트

007 원하는 물건의 유무

기본표현

고객매응

매장별로문

지불하기

트러블처리

레스토랑

레저·관광

호텔

교통

회술

이 디자인으로 빨간색은 없나요?

Do you have red one in this design?

두유 햅 레드 원 인 디스 디자인

(상품이) 있습니다.

We have it.

위 해빗

없습니다.

We don't have it.

위 돈 해빗

마침 그 물건이 떨어졌습니다.

They're all sold out.

데이러 올 솔드 아웃

지금 있는 것이 전부입니다.

This is all we have now.

디시즈 올 위햅 나우

55

손님 사이즈는 없네요.

We don't have that in your size.

위 돈 햅 댓 인유어 사이즈

그 색깔로는 없네요.

We don't have it in that color.

위 돈 해빗 인댓 컬러

도움이 되지 못하여 죄송합니다.

We're sorry, we couldn't help you.

위어 쏘리 위 쿠든 헬퓨

》 판매를 못했어도 훌륭한 매너는 손님을 다시 오도록 만든다.

그 상품은 재고가 없습니다.

The item is out of stock.

디 아이텀 이즈 아우럽 스탁

We are out of stock for that item.

위아 아우럽 스탁 포 댓 아이텀

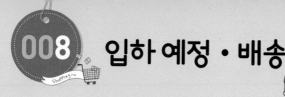

008 입하 예정 · 배송

(그 물건이) 13일에 들어옵니다.

We expect to have it on the 13th.

위 익스펙 투 해빗 온 더 써틴쓰

(그 물건이) 화요일까지는 들어옵니다.

We expect to have it by Tuesday.

위 익스펙투 해빗 바이 튜즈데이

이 제품의 업데이트 버전은 2월에 출시됩니다.

The updated version of this product will be released in February.

디 업데이팅 버전 업 디스 프러덕트 윌 비 릴리스드 인 페브루어리

이 정장이 마음에 드시면 예약해 드리겠습니다.

If you like this suit, we can put it on hold for you.

이퓨 라익 디스 수트 위캔 푸릿 온 홀드 포유

물건이 들어오면 알려드릴까요?

Can we let you know when we have it?

캔위 레츄 노우 웬 위 해빗

들어오는 대로 알려드리겠습니다.

We'll contact you as soon as it arrives.

위윌 컨텍트 유 에즈 순 에즈 잇 어라입즈

이걸 쓰시면 어떨까요?

How would you prefer this one?

하우 우쥬 프리퍼 디스 원

배송료는 4천 원입니다.

The delivery charge will be 4,000 won.

더 딜러버리 차쥐 윌비 포 싸우전드 원

해외 배송도 됩니다.

We can deliver overseas.

위 컨 딜리버 오버씨즈

1주일 후에 도착합니다.

It will arrive in one week.

잇 윌 어라입 인 원 윅

4일이면 배달됩니다.

It will be there in 4 days.

잇 윌비 데어 인 포 데이즈

It'll take about 4 days.

이를 테익 어바웃 포 데이즈

009 가격 교섭

깎아 주시겠어요?

Can you give me some discount?
컨 유 깁 미 섬 디스카운트

Can you come down on the price?
컨 유 컴다운 온더 프라이스

깎아주시면 사겠습니다.

If you discount I'll buy.
이프 유 디스카운트 아일 바이

얼마면 되겠습니까?

How much are you asking?
하우 머치 아 유 애스킹

5% 할인해 드릴 수 있습니다.

We can take off 5%.
위 컨 테익오프 파입 퍼센트

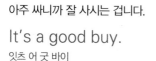

아주 싸니까 잘 사시는 겁니다.

It's a good buy.
잇츠 어 굿 바이

더이상 할인이 안 됩니다.

This is our best price.

디시즈 아워 베스트 프라이스

값을 말씀해 보세요.

Make an offer.

메이컨 오퍼

You name it.

유 네임 잇

그건 이미 25% 할인 가격입니다.

It's already 25 percent off the regular price.

잇스 올레디 트워니 파입 퍼센트 오프 더 레귤러 프라이스

》 우리나라에서는 '퍼센트'보다는 '프로'라는 말을 많이 쓰지만 외국인에겐 통하지 않는 표현입니다. 이 '프로'는 proportion 의 줄임말로 일본에서 예전에 쓰던 표현입니다.

나한테 바가지 씌울 작정은 아니죠?

Aren't you charging me too much?

안츄 차징 미 투 머취

이건 할인된 가격입니다.

This is the price after the discount.

디시즈 더 프라이스 앱터 더 디스카운트

이건 할인 대상이 아닙니다.

The discount doesn't apply to this item.

더 디스카운트 더즌트 어플라이 투 디스 아이럼

이쪽이 좀 더 비쌉니다.

This one costs more.

디스 원 코스츠 모어

하나에 얼마입니까?

How much for one?

하우 머춰 포 원

하나 사면 덤으로 하나 더 드립니다.

Buy one, get one free.

바이 원 겟 원 프리

저희는 정찰제입니다.

Our prices are fixed.

아워 프라이시즈 아 픽스트

이건 세일 중입니까?

Is this on sale?

이즈 디스 온 세일

좀 더 싼 것은 없습니까?

Do you have a cheaper one?

두유 해버 취퍼 원

Anything cheaper?

애니씽 취퍼

》 cheap이란 말은 '싸지만 품질도 좋지 않다'는 의미다. 싸고 품질도 무난한 경우는 reasonable, inexpensive라고 하는 것이 좋다.

다른 곳보다 훨씬 싼 가격입니다.

We sell at much lower prices than other shops.

위 셀 앳 머치 라우어 프라이시스 댄 아더 샵스

세금이 포함된 가격입니까?

Does it include tax?

더짓 인클루드 택스

너무 비쌉니다.

It's too expensive.

잇스 투 익스펜시브

생각했던 것보다 값이 비싼데요.

It costs more than I thought.

잇 코스츠 모어 댄 아이 쏘트

62

현찰이면 할인이 되나요?

Do you give any discounts for cash?

두유 깁 애니 디스카운츠 포 캐쉬

이건 공짜인가요?

Is this free of charge?

이즈 디스 프리 업 차쥐

기본표현

고객대응

매장별근무

지불하기

트러블처리

레스토랑

레저·관광

호텔

교통

회화

상품 포장

포장해 주실 수 있나요?

Can I have it gift–wrapped?

컨아이 해빗 깁트랩트

선물할 건데 포장 되나요?

May I get it gift-wrapped?

메이 아이 게릿 깁트렙트

선물 포장을 해드릴까요?

Would you like it gift–wrapped?

우쥬 라이킷 깁트랩트

선물 상자는 별도로 500원입니다.

Gift boxes are available for 500 won each.

깁트 박시즈 아 어베일러블 포 파입 헌드럿 원 이치

따로따로 포장해 드릴까요?

Do you prefer individual wrapping?

두 유 프리퍼 인디비주얼 래핑

내용물을 알 수 있게 메모해 두겠습니다.

I'll put a note on it to identify the contents.

아일 푸러 노트 오닛 투 아이덴티파이 더 컨텐츠

포장지와 리본을 선택하세요.

Please select wrapping paper and a ribbon.

플리즈 셀렉트 랩핑 페이퍼 앤더 리번

비가 오니까 비닐을 씌워드릴게요.

I'll put a rain cover on it.

아일 푸러 레인커버 오닛

개수대로 봉투에 넣을까요?

Do you need extra bags?

두유 닛 엑스트러 백스

가격표는 떼어버릴까요?

May I take off the price tag?

메아이 테이콥 더 프라이스 택

이중으로 포장해 주시겠어요?

Can you wrap this double?

캔 유 랩 디스 더블

기본표현

고객대응

매장별안내

지불하기

트러블처리

레스토랑

레저 · 관광

호텔

교통

외출

011 상품 인도 · 배용

내용을 확인할 수 있도록 표시를 했습니다.
(상품이 여럿일 때)

I have put identifying marks on them.
아이 햅 풋 아이덴티파잉 막스 온 뎀

리본을 달까요?

Shall we tie it with a ribbon.
쉘 위 타이 잇 위더 리본

여기 있습니다.

Here you are.
히어류 아

여기 가방이 있습니다.

Here's your bag, ma'am.
히어즈 유어 백 맴

자, 구두 받으세요.

Here's your shoes, sir.
히어즈 유어 슈즈 써

이렇게 해드리면 되겠습니까?

Would this be all right?

웃 디스 비 올 라잇

천만에요.

You're welcome.

유어 웰컴

즐거운 하루 되세요.

Have a nice day.

해버 나이스 데이

또 찾아주세요.

Please come again.

플리즈 컴 어겐

Hope to see you again.

호웁 투 씨유 어겐

찾아주셔서 감사합니다.

Thank you for coming.

생큐 포 커밍

PART 03

매장별 분류
The Groups of
Various Stores

옷가게, 면세점, 화장품 코너 등 각각의 매장에 맞는
외국인 고객 응대 영어회화를 수록했다. 외국인 고
객들이 편하게 쇼핑할 수 있도록 나라별 구매패턴을
미리 알아두고 여러 가지 표현을 잘 익혀두는 게 중
요하다.

001 옷가게

이 셔츠는 세탁기로 빨아도 되나요?

Is this shirt machine washable?

이즈 디스 셧 머신 와셔블

이 셔츠는 물세탁이 가능해요.

This shirt is washable.

디스 셔트 이즈 와셔블

소재가 뭐죠?

What material is it?

왓 머티어리얼 이짓

순면입니다.

It's pure cotton.

잇츠 퓨어 카튼

It's 100% cotton.

잇츠 원헌드러드 퍼센트 카튼

이건 구김이 지지 않는 제품입니다.

It's wrinkle-free.

잇츠 링클 프리

거울 앞에서 보세요.

Look at yourself in the mirror.
룩 앳 유어셀프 인 더 미러

잘 어울리시네요.

That looks nice on you.
댓 룩스 나이스 온 유

You look great in that.
유 룩 그레잇 인 댓

사이즈는 몇으로 드릴까요?

What's your size?
왓쓰 유어 사이즈

What size do you want?
왓 사이즈 두 유 원트

손님에게 맞는 사이즈가 없습니다.(다 팔려서 없어요)

We don't have your size.
위 돈 햅 유어 사이즈

Sold out of your size.
솔드 아우럽 유어 사이즈

• 가디건	cardigan 카디건
• 거들	girdle 거들
• 나일론	nylon 나일란
• 남성복	men's clothes 멘즈 클로씨즈
• 네글리제	negligee 네글리제이
• 란제리	lingerie 란저레이
• 면	cotton 카튼
• 모직물	wool 울
	woolen fabrics 울른 패브릭스
• 모피	fur 퍼
• 목이 둥근 것	round neck 라운드넥
• 목이 V자형인 것	v-neck 뷔넥
• 무릎 길이의	knee-length 니렝쓰
• 민소매의	sleeveless 스리블리스
• 바지	pants 팬츠
	trousers 트라우저즈(영국)
• 반바지	shorts 쇼츠
• 브래지어	bra 브러
• 블라우스	blouse 블라우스
• 비단, 실크	silk 실크
• 사각팬티	boxer shorts 박서 쇼츠(남성용)
• 삼각팬티	briefs 브립스
• 상의	coat 코웃
	jacket 재킷
• 소매	sleeve 슬리브
• 소재	materials 머티리얼즈
• 속옷	underwear 언더웨어
• 스웨터	sweater 스웨터
• 스타킹	hose 호우스

기본표현

고객대응

매장별분류

지불하기

트러블처리

레스토랑

레저·관광

호텔

교통

화술

• 슬립	slip 슬립
• 양말	socks 싹스
	stockings 스타킹즈
• 어깨패드	shoulder pad 숄더패드
• 여성복	women's clothes 위민즈 클로씨즈
• 옷깃	collar 칼러
• 와이셔츠	white shirt 와이트 셔트
• 외투	overcoat 오버코웃
• 원피스	(one-piece) dress (원피스) 드레스
• 잠옷	night clothes 나잇 클로씨즈
	pajamas 파자마즈
• 정장	suit 수트
• 조끼	vest 베스트
	waistcoat 웨이스트 코웃(영국)
• 청바지	jeans 진즈
• 치마	skirt 스커트
• 탈의(가봉)실	fitting room 피팅 룸
• 티셔츠	T-shirt 티이 셔엇
• 팬츠(남성용)	underpants 언더팬츠
• 팬티(여성용)	panties 팬티즈
• 팬티스타킹	pantihose 팬티호우스
• 폴로셔츠	polo shirt 폴로우 셔엇
• 화학섬유	synthetic fiber 씬쎄틱 파이버

002 수선하기

바지 길이는 이 정도면 괜찮으세요?

Is the length of the pants alright?

이즈 더 렝쓰 업 더 팬츠 올라잇

단을 좀 올려드릴까요?

Would you like me to shorten it?

우쥬 라익 미 투 쇼튼 잇

3센티 정도 줄이면 될까요?

How about shortening it by 3 cm?

하우 어바웃 쇼트닝 잇 바이 쓰리 센티미터

• shorten 줄이다, take in (허리 부분), take up (소매)

단은 더블과 싱글 중 어떻게 해드릴까요?

Would you like them cuffed or non-cuffed?

우쥬 라익 뎀 컵드 오어 넌컵드

벗으실 때 바늘을 조심하세요.

Please be careful of the pins when taking it off.

플리즈 비 케어펄 업 더 핀즈 웬 테이킹 잇 오프

소매 길이는 조정할 수 있습니다.

We can adjust the length of the sleeve.

위 컨 어저슷 더 렝쓰 업 더 슬립

바지 기장(길이) 좀 줄여 주세요.

Shorten the length of pants.

쇼튼 더 렝쓰 어브 팬츠

수선비는 5천 원입니다.

The adjustment fee is 5,000 won.

디 어저슷먼트 피 이즈 파입 싸우전드 원

제대로 되었는지 확인하세요.

Please check if it's alright.

플리즈 체크 입 잇스 올라잇

이 재킷을 수선해 주시겠어요?

Could you mend this jacket?

쿠 쥬 멘드 디스 재킷

지퍼가 망가졌어요. 바꿔주시겠어요?

This zipper is broken. Can you replace it?

디스 지퍼 이즈 브로큰 컨 유 리플레이스 잇

면세점

면세점은 어디인가요?

Where is the duty-free shop?

웨어 리즈 더 듀티프리 샵

여행자이십니까?

Are you a tourist?

아유 어 투어리슷

세금 빼고 5만 8천 원입니다.

It's 58,000 won without tax.

잇스 피프티 에잇 싸우전드 원 위다웃 택스

면세 카운터는 2층입니다.

The duty-free counter is on the 2nd floor.

더 듀티프리 카운터 이즈 온더 세컨드 플로어

수속하실 때는 여권이 필요합니다.

You need to have your passport for an application.

유 닛투 해뷰어 패스풋 포런 어플리케이션

구입 액수가 10만 원 이상인 경우에 해당합니다.

Purchases of more than one hundred thousand won qualify.

퍼쳐시즈 업 모어댄 원 헌드럿 싸우전드 원 콸러파이

용지의 이 부분을 기입해 주세요.

Please fill in this part of the form.

플리즈 필인 디스 팟 업 더 폼

이건 면세품이 아닙니다.

This is not a duty-free product.

디스 이즈 나러 듀티프리 프러덕트

면세 범위를 초과하셨습니다.

I'm afraid these goods exceed the duty-free limit.

아임 어프레잇 디즈 굿즈 익씨드 더 듀티프리 리밋

여기에서 면세품을 살 수 있나요?

Can I buy duty-free goods here?

컨 아이 바이 듀티프리 굿즈 히어

한국 돈으로 살 수 있나요?

Can I buy in korean won?

컨 아이 바이 인 코리언 원

화장품 코너

화장품 코너는 어디입니까?

Where is the cosmetic counter?

웨어리즈 더 카즈메틱 카우너

립스틱을 사려고 하는데요.

I'd like to buy a lipstick.

아이드 라익투 바이 어 립스틱

더 진한 색으로 주세요.

A deeper color, please

어 디퍼 컬러 플리즈

여기 샘플이 있습니다. 써보세요.

Here's a tester. Please try it.

히어즈 어 테스터 플리즈 추라잇

피부가 건조하시네요.

Your skin is dry.

유어 스킨 이즈 드라이

어떤 피부 타입이신가요?

What type of skin do you have?

왓 타입 어브 스킨 두유 햅

다른 색상이 있습니까?

In different colors?

인 디퍼런트 컬러즈

저에게 맞지 않아요.

It doesn't fit me.

잇 더즌 핏 미

♥ 관련 어휘

• 로션	toner 토우너
• 립스틱	lipstick 립스틱
• 마스카라	mascara 매스캐러
• 매니큐어	nail polish 네일 폴리시
• 볼터치	blusher 블러셔
• 선크림	sunscreen 선스크린
• 스킨	tonic lotion 토닉 로션
• 아이브로 펜슬	eyebrow pencil 아이브라우 펜슬
• 아이섀도	eye shadow 아이섀도우
• 영양크림	facial cream 페이셜 크림
• 파운데이션	foundation 파운데이션
• 팩	face pack 페이스 팩
• 향수	perfume 퍼퓸
• 화장품	cosmetics 카즈메틱스

005 신발 매장

어떤 신발을 찾으세요?

What kind of shoes are you looking for?

왓 카인덥 슈즈 아유 룩킹 포

사이즈가 어떻게 되십니까?

May I ask what size you are?

메아이 애스크 왓 사이즈 유아

What size do you take?

왓 사이즈 두유 테익

운동화를 사고 싶은데요.

I want a pair of sneakers.

아이 원트 어페어럽 스니커즈

아내에게 선물할 것을 찾고 있습니다.

I'm looking for something for my wife.

아임 룩킹 포 섬씽 포 마이 와입

캐주얼한 것을 찾고 있습니다.

I'd like something casual.

아이드 라익 섬씽 캐주얼

특별히 생각하시는 것이 있습니까?

Do you have anything special in mind?

두유 햅 애니씽 스페셜 인 마인드

무슨 색이 있습니까?

What kind of colors do you have?

왓 카인덥 컬러즈 두유 햅

이 색은 좋아하지 않습니다.

I don't like this color.

아이 돈 라익 디스 컬러

다른 스타일은 있습니까?

Do you have any other style?

두유 햅 애니 아더 스타일

어떤 디자인이 유행하고 있습니까?

What kind of style is now in fashion?

왓 카인더브 스타일 이즈 나우 인 패션

신어 보십시오.

Try them on, please.

트라이 뎀 온 플리즈

이건 너무 꽉 끼네요.

It's too tight.
잇스 투 타잇

다른 것으로 바꿔 줄 수 있나요?

Can I exchange it for something else?
컨아이 익스체인지 잇 포 섬씽 엘스

사이즈가 맞지 않아요.

It doesn't fit.
잇 더즌 핏

It's not my size.
잇스 낫 마이 사이즈

발에 맞으세요?

Do they fit all right?
두 데이 핏 올라잇

How do they feel?
하우 두 데이 필

하나 더 큰[작은] 사이즈를 가져올까요?

Would you like to try one size larger[smaller]?
우쥬 라익 투 추라이 원 사이즈 라저[스몰러]

또 필요한 것 있으세요?

Anything else?

애니씽 엘스

구두주걱을 쓰시겠습니까?

Would you like to use a shoehorn?

우쥬 라익투 유저 슈혼

폭이 너무 좁아요.

They are too narrow.

데이 아 투 내로우

폭이 넓은 것도 있습니다.

We have wider ones.

위 햅 와이더 원즈

💬 관련 어휘

• 구두	leather shoes	레더슈즈
• 구두끈	shoelace	슈레이스
• 구두주걱	shoehorn	슈혼
• 등산화	mountain boots	마운틴 부츠
• 발꿈치	heel	힐
• 부츠	boots	부츠
• 샌들	sandals	샌들즈
• 운동화	sneakers	스니커즈

기본표현
고객대응
매장별분류
지불하기
트러블처리
레스토랑
레저·관광
호텔
교통
쇼핑

가방 · 모자 가게

이 소재는 무엇입니까?

What material is this?

왓 머티리얼 이즈 디스

샤넬 가방은 어디 있습니까?

Where is Chanel bags?

웨어리즈 샤넬 백스

이건 인조 가죽인가요?

Is this artificial leather?

이즈 디스 아티피셜 레더

이 색상으로 다른 타입[디자인]은 있나요?

Do you have another type[design] in this color?

두유 햅 어나더 타입[디자인] 인 디스 컬러

지금 유행하는 모자 좀 보여 주세요.

Show me some hats which are in fashion.

쇼우 미 섬 햇츠 휘치 아 인 패션

최신형입니까?

Is this the brand-new type?

이즈 디스 더 브랜뉴 타입

여행 가방으로 가장 많이 팔리는 디자인입니다.

This is the best selling design of suitcase.

디스 이즈 더 베스트 셀링 디자인 업 숫케이스

빨간색 중간 크기 가방을 원해요.

I want a red, midsize bag.

아이 원터 렛 밋사이즈 백

업무용으로 쓸 겁니다.

It's for my work.

잇스 포 마이 워크

여성용인가요?

Is this for ladies?

이즈 디스 포 레이디즈

수납 공간이 넓습니다.

It has a lot of room for all your things.

잇해즈 얼랏업 룸 포 올 유어 씽즈

85

• 배낭	backpack 백팩
• 서류가방	briefcase 브립케이스
• 선글라스	sunglasses 썬글래시즈
• 소가죽	cowhide 카우하이드
• 스카프	scarf 스카프
• 악어가죽	crocodile leather 크로커다일 레더
• 양산	parasol 패러솔
• 어깨에 메는 가방	shoulder bag 숄더 백
• 에나멜	patent leather 페이턴트 레더
• 여행가방	suitcase 숫케이스
• 잠금장치	fastener 파스너
• 접는 우산	folding umbrella 폴딩 엄브렐러
• 커프스버튼	cuff links 컵링스
• 화학섬유	chemical fiber 케미컬 파이버

007 귀금속점

기본표현

고객대응

매장별표현

지불하기

트러블처리

레스토랑

레저·관광

호텔

교통

회화

보석 매장은 어디죠?

Where's the jewelry department?

웨어즈 더 주얼리 디팟먼트

다이아 반지 좀 볼까요?

Can I see some diamond rings?

커나이 씨 섬 다이어먼드 링즈

이건 몇 캐럿이죠?

How many carats is this?

하우 매니 캐러츠 이즈 디스

착용해 봐도 되나요?

May I try it on?

메이 아이 추라이 잇 온

이건 진짜입니까? 모조입니까?

Is this genuine or an imitation?

이즈 디스 제뉴인 오어런 이미테이션

이 팔찌를 보여 주세요.

Show me this bracelet.

쇼우 미 디스 브레이스릿

루비 반지 좀 보여 주세요.

Show me some ruby rings.

쇼 미 섬 루비 링즈

보증서는 있습니까?

Is this with a guarantee?

이즈 디스 위더 개런티

이게 18금[순금]입니까?

Is this 18 carat[real] gold?

이즈 디스 에이틴 캐럿[리얼] 골드

💙 관련 어휘

• 1월 가넷	garnet 가넷	
• 2월 자수정	amethyst 애머시스트	
• 3월 남옥	aquamarine 아쿠아 마린	
• 4월 다이아몬드	diamond 다이어먼드	
• 5월 에메랄드	emerald 에머럴드	

- 6월 진주　　　　pearl 펄
- 7월 루비　　　　ruby 루비
- 8월 페리도트　　peridot 페리도트
- 9월 사파이어　　sapphire 쌔파이어
- 10월 오팔　　　opal 오팔
- 11월 황옥　　　topaz 토파즈
- 12월 터키석　　turquoise 터쿼이즈

*　*　*

- 18금　　　　　18 carat gold 에이틴 캐럿 골드
- 구슬　　　　　bead 비드
- 귀고리　　　　earrings 이어링즈
- 귀금속　　　　precious metal 프레셔스 메틀
- 금　　　　　　gold 골드
- 금도금　　　　gold-plated 골드 플레이팃
- 금으로 만든　　golden 고울든
- 넥타이핀　　　tie clip 타이 클립
- 모조품　　　　imitation 이미테이션

　　　　　　　　fake 페이크

- 목걸이　　　　necklace 넥클리스
- 반지　　　　　ring 링
- 백금　　　　　platinum 플래티넘
- 보석　　　　　jewelry 쥬월리
- 브로치　　　　pin 핀
- 비취　　　　　jade 제이드
- 산호　　　　　coral 코럴
- 수정　　　　　crystal 크리스털
- 액세서리　　　accessories 액세서리즈
- 은　　　　　　silver 실버
- 팔찌　　　　　bracelet 브레이스릿
- 호박　　　　　amber 앰버

서점에서

《인간의 굴레》는 어디 있나요?

Where's ⟨of Human Bondage⟩?

웨어즈 업 휴먼 반디쥐

그건 6번 코너로 가세요.

It's in section 6.

잇스 인 섹션 식스

절판되었습니다.

It's out of print.

잇스 아우럽 프린트

외국 서적은 이쪽에 있습니다.

These are the foreign books we have.

디즈 아 더 포린 북스 위 햅

한국 역사에 관한 책은 이쪽입니다.

Here are books about Korean history.

히어라 북스 어바웃 코리언 히스토리

도서명과 저자명을 아십니까?

Could you tell me the title and the author name?

쿠쥬 텔미 더 타이틀 앤 디 오써 네임

지금 찾아볼 테니 기다려 주십시오.

I'll check our stock, so please wait.

아일 첵카워 스탁 소우 플리즈 웨잇

여기 있습니다.

Here it is.

히어 이리즈

지금은 재고가 없습니다.

We have run out of stock now.

위 햅 런 아우럽 스탁 나우

만화는 왼쪽 안에 있습니다.

The comics are at the end of the left.

더 카믹스 아 앳디 엔덥 더 레프트

관련 어휘

- 고급   advanced 엇밴스트
- 교과서   textbook 텍스트북
- 그림책   picture book 픽처북
- 동화책   children's books 칠드런스 북스
- 만화   cartoon 카툰
- 문고   paperback 페이퍼백
- 베스트셀러   bestseller 베스트셀러
- 사전   dictionary 딕셔너리
- 소설   novel 나블
- 시집   poetry book 포어트리 북
- 실용서   how-to book 하우투 북
- 어린이용   for children 포 칠드런
- 잡지   magazine 매거진
- 저자명   author name 오써네임
- 전문적인   technical 텍니컬
- 중급   intermediate 인터미디에잇
- 초급   beginning level 비기닝 레벌
- 출판사   publishing company 퍼블리싱 컴퍼니
- 컴퓨터 서적   computer books 컴퓨터 북스
- 팸플릿   brochure 브로셔

009 전자제품

최신형으로 기능이 다양합니다.

This is the latest and multi–functional.

디시즈 더 레이티슷 앤 멀티펑셔널

아주 가볍고 컴팩트합니다.

It's very light and compact.

잇스 베리 라잇 앤 컴팩트

화소수는 얼마나 됩니까?

What's the resolution?

왓스 더 레졸루션

800만 화소입니다.

8 megapixels, sir.

에잇 메거픽셀즈 써

사용법이 쉽습니다.

This is user–friendly.

디시즈 유저프렌들리

건전지로도 작동합니다.

This works by dry-batteries as well.

디스 웍스 바이 드라이 배터리즈 애즈 웰

You can also use dry batteries.

유 컨 올소우 유즈 드라이 배터리즈

보증 기간은 3년입니다.

This has a three-year guarantee.

디스 해즈 어 쓰리이어 개런티

구형 모델은 저렴합니다.

Older models are discounted.

올더 마들즈 아 디스카운팃

하드디스크 용량은 500기가입니다.

The hard disk capacity is 500 GB.

더 하드 디스크 커패서티 이즈 파이브 헌드럿 기가바잇

스위치를 켜면 소리가 납니다.

A voice will be activated when you switch it on.

어 보이스 윌비 액티베이팃 웬 유 스위치 잇 언

수량 한정 품목입니다.

The supply is limited.
더 서플라이 이즈 리미팃

🔍 관련 어휘

• 800만 화소	8 million pixels 에잇 밀리언 픽셀즈
• 노트북	laptop 랩탑
• 데스크탑	desktop 데스크탑
• 디지털카메라	digital camera 디지털캐머러
• 리모콘	remote control 리모트 컨트롤
• 모니터	monitor 마너터
• (전기)면도기	shaver 쉐이버
• 슬림형TV	flat-screen TV 플랫스크린 티비
• 전기밥솥	rice cooker 라이스 쿠커
• 전자사전	electronic dictionary 일렉트로닉 딕셔너리
• 청소기	vacuum cleaner 배큠클리너
• 충전기	battery charger 배터리 차저
• 컴퓨터	PC 피씨
• 타이머 기능	timer function 타이머 펑션
• 프린터	printer 프린터
• 휴대폰	cell phone 셀폰
• USB메모리	USB memory stick 유에스비 메머리 스틱

이 양복을 다림질[세탁] 좀 해 주세요.

I'd like to have this suit pressed [washed], please.

아이드 라익 투 햅 디스 수트 프레스트[와시드] 플리즈

이 옷들을 드라이클리닝 해 주세요.

I want these clothes dry-cleaned.

아 원트 디즈 클로시즈 드라이클린드

이 셔츠에 있는 얼룩을 좀 제거해 주세요.

Could you remove the stain on this shirt?

쿠쥬 리무브 더 스테인 온 디스 셔트

옷 길이 좀 줄여 주세요.

Please have my dress shortened.

플리즈 햅 마이 드레스 쇼른드

세탁비는 얼마예요?

What's the charge for cleaning?

왓스 더 차쥐 포 클리닝

언제 가지러 올 수 있죠?

How soon can I get it back?

하우 순 컨 아이 게릿 백

When will it be ready?

웬 윌릿 비 래디

이 코트를 수선해 주시겠어요?

Could you mend this coat?

쿠쥬 멘드 디스 코트

손님 것, 여기 있습니다.

Here it is.

히어 이리즈

Here is your laundry.

히어리즈 유어 론드리

아직 안됐습니다.

It's not ready.

잇스 낫 레디

내일까진 해 놓겠습니다.

I'll have done it by tomorrow.

아일 햅던 잇 바이 터모로우

011 미용실에서

오늘 저녁으로 예약할 수 있을까요?

Can I make an appointment for this evening?

컨 아이 메이컨 어포인먼트 포 디스 이브닝

어떤 스타일을 원하세요?

What kind of hair style would you like?

왓 카인 덥 헤어스타일 우쥬 라익

지금과 같은 스타일로 해 주세요.

Follow the same style, please.

팔로우 더 쎄임 스타일 플리즈

어느 정도 길이를 원하세요?

How short would you like?

하우 숏 우쥬 라익

조금만 손질해 주세요.

Just a trim, please.

저스터 추림 플리즈

커트해 주세요.

I'd like a cut.

아이드 라이커 컷

머리를 어떻게 해 드릴까요?

How would you like your hair cut?

하우 우쥬 라이큐어 헤어 컷

조금 짧게 해 주세요.

Please make it a little shorter.

플리즈 메이킷 어 리를 쇼러

옆을 좀 더 잘라 주세요.

Please cut a little more off the sides.

플리즈 커러 리를 모어 옵 더 싸이즈

웨이브는 어느 정도로 할까요?

How curly do you want your hair?

하우 컬리 두유 원트 유어 헤어

샤기 컷으로 해 주세요.

I'd like a shaggy cut.

아이드 라이커 샤기 컷

샴푸와 세트를 해 주세요.

I'd like to have my hair washed and set.

아이드 라익 투 햅 마이 헤어 워쉬드 앤 셋

끝을 다듬어 주세요.

Could you trim around the edges?

쿠쥬 트림 어라운 더 에쥐스

어깨까지 오게 해 주세요.

Shoulder–length, please.

쇼울더 렝쓰 플리즈

파마를 해 주세요.

A permanent, please.

어 퍼머넌트 플리즈

》 파마는 짧게 perm이라고도 한다.

머리 염색을 하고 싶습니다.

I'd like my hair dyed, please.

아이드 라익 마이 헤어 다이드 플리즈

머리 감기는 필요 없어요.

I don't need the shampoo.
아이 돈 니드 더 샴푸

그만하면 충분합니다.

That's enough.
댓스 이넙

전 머리 숱이 많아요[적어요].

I have thick[thin] hair.
아이 햅 씩[씬] 헤어

이발을 하려고 합니다.

I need to get a haircut.

아이 니투 게러 헤어컷

커트만 해 주세요.

Haircut only, please.

헤어컷 온리, 플리즈

어떤 스타일로 해 드릴까요?

How should I style it?

하우 슈다이 스타일 잇

윗머리는 어떻게 해 드릴까요?

How about the top?

하우 어바웃 더 탑

스포츠형(군인 스타일)으로 해 주세요.

A crew cut, please.

어 크루 컷 플리즈

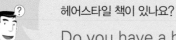

헤어스타일 책이 있나요?

Do you have a hair style book?

두유 해버 헤어스타일 북

면도는 하시겠어요?

Would you like a shave?

우쥬 라이커 쉐이브

머리카락을 조금 잘라 주세요.

Will you thin it out a little?

윌 유 씬 잇 아우러 리를

적당히 잘라 주세요.

A regular haircut, please.

어 레귤러 헤어컷 플리즈

너무 짧지 않게요.

Not too short, please.

낫 투 숏 플리즈

뒤는 너무 짧지 않게 해 주세요.

Not too short in the back.

낫 투 숏 인 더 백

면도를 해 주세요.

Give me a shave, please.

깁 미 어 쉐이브 플리즈

그건 필요 없습니다.

No, I don't need that.

노우 아이 돈 니드 댓

머리 좀 감겨 주세요.

I want a shampoo, please.

아이 워너 샴푸 플리즈

그냥 드라이어로 말려 주세요.

Just blow-dry it, please.

저슷 블로우 드라이 잇 플리즈

염색을 하고 싶어요.

I want to get my hair dyed[colored].

아이 원투 겟 마이 헤어 다이드[컬러드]

나한테 어떤 스타일이 가장 어울릴까요?

What style would suit me best?

왓 스타일 우드 숫 미 베스트

013 주유소 · 카센터

세차 좀 부탁합니다.

I want to get a car wash.

아이 원투 게러 카와쉬

기어 중립으로 하시고 브레이크 밟지 마세요.

Shift the gear in neutral and do not step on the brake.

쉬프트 더 기어 인 뉴추럴 앤 두낫 스텝 온더 브레익

경유로 30달러어치 넣어 주세요.

I'd like 30 dollars of diesel.

아이드 라익 써리 달러즈 업 디절

주유가 끝났습니다.

The gas tank is filled up.

더 개스 탱크 이즈 필드업

약간 앞으로 와 주세요.

Can you come forward a bit?

캔 유 컴 포워드 어 빗

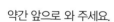

가득 채워 주세요.

Fill the tank, please.

필 더 탱크 플리즈

Fill it up, please.

필 이텁 플리즈

타이어 공기가 적은 거 같아요. 봐주세요.

My tires are low. Check them, please.

마이 타이어즈 아 로우. 첵 뎀 플리즈

보닛을 열고 봐주시겠어요?

Would you take a look under the hood.

우쥬 테이커 룩 언더 더 훗

나중에 견적을 드리겠습니다.

I'll give you an estimate later.

아일 기뷰 언 에스티메잇 레이터

🔍 관련 어휘

• 경유	light oil 라잇 오일
• 고장	breakdown 브레익다운
• 공기주입기	air supply 에어서플라이
• 무연휘발유	unleaded gas 언리딧 개스
• 부동액	antifreeze 앤티프리즈
• 정비사	mechanic 머캐닉
• 주유기	gas pump 개스 펌프
• 타이어 공기압	tire pressure 타이어 프레셔
• 펑크	flat tire 플랫 타이어

기본표현

고객대응

맞장별분류

지불하기

트러블처리

레스토랑

레저·관광

호텔

교통

화술

014 식료품점에서

방금 들어온 것입니다.

We just got them in.

위 저슷 갓뎀 인

저희는 신선한 고기만 취급합니다.

We only carry fresh meat.

위 온리 캐리 프레쉬 미트

수박이 제철입니다.

Watermelons are in season.

워러멜런즈 아 인 시즌

쇼핑 바구니를 사용하세요.

Please use a shopping basket.

플리즈 유저 샤핑 배스킷

방금 조리한 것입니다.

This is just cooked and hot.

디시즈 저슷 쿡드 앤 핫

시식해 보시겠어요?

Would you like to try some?

우쥬 라익투 추라이 섬

화학조미료는 들어 있지 않습니다.

It contains no chemical seasoning.

잇 컨테인즈 노우 케미컬 시즈닝

100g당 천 원입니다.

It's 1000 won per 100g.

잇스 원 싸우전드 원 퍼 원 헌드럿 그램

유효 기간은 4일 이내입니다.

Please eat this within 4 days.

플리즈 잇 디스 위딘 포 데이즈

비닐봉지를 드릴까요?

Do you need a plastic bag?

두유 니더 플래스틱 백

종이봉투를 드릴까요, 비닐봉지를 드릴까요?

Paper bag or plastic bag?

페이퍼 백 오어 플래스틱 백

- 과일　　　　　　fruit 프룻
- 냉동식품　　　　frozen foods 프로즌 푸즈
- 돼지고기　　　　pork 포크
- 떨이판매　　　　clearance sale 클레어런스 세일
- 발효식품　　　　fermented foods 퍼먼팃 푸즈
- 쇠고기　　　　　beef 비프
- 쌀　　　　　　　rice 라이스
- 야채　　　　　　vegetables 베지터블즈
- 통조림　　　　　canned foods 캔드 푸즈
- 특가　　　　　　special sale 스페셜 세일

***

- 고기 한 점　　　　a piece of meat 어 피스 업 미트
- 구두 한 켤레　　　a pair of shoes 어 페어럽 슈즈
- 담배 한 곽　　　　a carton of cigarettes 어 카튼업 시거렛
- 사과 한 상자　　　a box of apples 어 박스 업 애플즈
- 설탕 한 봉지　　　a bag of sugar 어 백업 슈거
- 와인 한 병　　　　a bottle of wine 어 바틀 업 와인
- 우유 한 병　　　　a bottle of milk 어 바틀 업 밀크
- 주스 한 통　　　　a carton of juice 어 카튼 업 쥬스
- 한 병　　　　　　a bottle of 어 바틀 업
- 한 상자　　　　　a box of 어 박스 업
- 한 자루, 한 봉지　a bag of 어 백업
- 한 장, 한 개, 한 조각　a piece of 어 피스 업
- 한 짝, 한 켤레　　a pair of 어 페어 럽
- 한 통　　　　　　a carton of 어 카튼 업

015 은행에서

신분증이 있으신가요?

Do you have any ID?

두유 햅 애니 아이디

여기에 비밀번호를 누르세요.

Press your PIN number here.

프레스 유어 핀 넘버 히어

송금하고 싶습니다.

I want to wire this money.

아이 원투 와이어 디스 머니

송금 수수료는 얼마입니까?

What's the remittance charge?

왓스 더 리미턴스 차쥐

잔고가 얼마 남았습니까?

Could you tell me what my balance is?

쿠쥬 텔미 왓 마이 밸런스 이즈

여기에 이서하세요.

Endorse this, please.

인도스 디스 플리즈

앉아서 기다려 주세요.

Have a seat while you wait.

해버 씻 와일 유 웨잇

여기에 기입해 주세요.

Please fill out this form.

플리즈 필아웃 디스 폼

얼마를 환전하시겠습니까?

How much would you like to exchange?

하우 머취 우쥬 라익 투 익스체인지

10달러를 25센트짜리와 10센트짜리로 바꿔 주십시오.

Please break ten dollars into quarters and dimes.

플리즈 브레익 텐 달러스 인투 쿼터스 앤 다임스

여행자 수표를 현금으로 바꿀 수 있겠습니까?

Can you cash a traveler's check? (한 장)
컨 유 캐쉬 어 트레벌러즈 첵

I need to cash some traveler's
checks. (여러 장)
아이 니드 투 캐쉬 섬 트레벌러즈 첵스

돈과 영수증입니다.

Here's your money and receipt.
히어즈 유어 머니 앤 리시트

고액권 지폐로 주세요.

Large bills, please.
라지 빌즈 플리즈

자동인출기에서 제 카드가 안 나와요.

The ATM ate my card.
디 에이티엠 에잇 마이 카드

- 계좌번호   account number 어카운트 넘버
- 고객   customer 커스터머
- 납부, 지불   payment 페이먼트
- 동전   coin 코인
- 비밀번호   pin number 핀 넘버
- 서명   signature 식너춰
- 수표   check 첵
- 신분증   identification 아이덴티피케이션
- 신용카드   credit card 크레딧카드
- 액수   amount 어마운트
- 예금하다   deposit 디파짓
- 은행수수료   bank charge 뱅크 차지
- 이체하다   tranfer 추랜스퍼
- 잔고   balance 밸러스
- 지폐   bill 빌
- 창구   window 윈도우
- 창구직원   teller 텔러
- 출금하다   withdraw 위드로
- 통장   bankbook 뱅크북
- 현금인출기   ATM(machine) 에이티엠

기본표현

고객대응

매장별문류

지불하기

트러블처리

레스토랑

레저·관광

호텔

교통

회화

몸이 안 좋은데. 약을 좀 구할 수 있을까요?

I feel sick. Can I get some medicine?

아이 필 씩. 캐나이 겟 섬 메디신

그냥 감기인 것 같습니다.

I think it's a common cold.

아이 씽크 잇서 커먼 콜드

안약을 주세요.

I need some eye-drops.

아이 니드 섬 아이드랍스

이것이 두통에 잘 듣나요?

Is this good for headache?

이즈 디스 굿 포 헤데익

좋은 기침약이 있습니까?

Do you have any good cough medicine?

두유 햅 애니 굿 코프 메디신

아스피린 좀 사고 싶어요.

I'd like to buy some aspirin.

아이드 라익투 바이 섬 애스퍼린

몸이 불편하세요?

Do you feel sick?

두 유 필 씩

붙이는 파스를 살 수 있을까요?

Can I buy some plasters?

컨아이 바이 섬 플래스터즈

어린이에게도 괜찮습니까?

Is this all right for children?

이즈 디스 올라잇 포 췰드런

햇볕에 탔을 때 바르는 약 있어요?

Do you have anything for sunburn?

두유 햅 애니씽 포 썬번

진통제 있습니까?

Can I have some painkillers?

컨 아이 햅 섬 페인킬러즈

기본표현

고객대응

매장별분류

지불하기

트러블처리

레스토랑

레저·관광

호텔

교통

화술

관련 어휘

• 골절	fracture 프랙추어
• 두통	headache 헤데익
• 링거	IV 아이뷔
• 변비	constipation 칸스터페이션
• 복통	stomachache 스터먹에익
• 부상	injury 인저리
• 붕대	bandage 밴디쥐
• 설사	diarrhea 다이어리어
• 소염제	anti-inflammatory 앤티인플래머터리
• 수면제	sleeping pill 슬리핑필
• 식중독	food poisoning 푸드 포이즈닝
• 약사	pharmacist 파머시스트
• 어지럽다	feel dizzy 필 디지
• 연고	ointment 오인트먼트
• 좌약	suppository 서파저터리
• 증상	symptoms 심텀즈
• 진정제	sedative 세더티브
• 진통제	painkiller 패인킬러
• 천식	asthma 애즈머
• 출혈	bleeding 블리딩
• 충치	cavity 캐버티
• 콧물	runny nose 러니 노우즈
• 화상	burn 번

PART 04

지불하기
Payment

요즈음에는 외국인들도 한화뿐만 아니라 신용카드로 계산하는 경우도 많다. 그러므로 신용카드 사용법을 제대로 익혀 여러 상황에 유연하게 대처할 수 있어야 한다. 또한 고객을 유치하기 위하여 각종 할인 쿠폰을 제공하거나, 포인트 카드 등으로 구매력을 높여 그것을 사용할 기회도 많으므로 각각의 상황에 맞는 회화를 익혀야 한다.

001 계산대로 안내

이걸 사겠습니다.

I'll take this.

아일 테익 디스

사실 것은 이게 전부이죠?

Will that be all?

윌 댓 비 올

이건 어디에서 지불하면 됩니까?

Where can I pay for this?

웨어 컨 아이 페이 포 디스

이쪽으로 오십시오.

This way, please.

디스 웨이 플리즈

여기에서 기다려 주십시오.

Please wait here.

플리즈 웨잇 히어

여기 줄을 서 주십시오.

Please wait in this line.
플리즈 웨잇 인 디스 라인

♥ 관련 어휘

• 계산	figures 피규어즈
• 금액	amount of money 어마운트 업 머니
• 대금, 값	price 프라이스
	charge 차쥐
• 면세	tax-free 택스프리
	duty-free 듀티프리
• 서명	signature 씩너쳐
• 세금	tax 택스
	duty 듀티
	taxation 택쎄이션
• 수수료	fee 피
	charge 차쥐
	commission 커미션
• 신용카드	credit card 크레딧 카드
• 영수증	receipt 리씨트
• 잔돈	small change 스몰 체인쥐
• 지출, 비용	expense 익스펜스
• 지폐	paper money 페이퍼머니
	bill 빌
• 추가요금	additional charge 어디셔널 차쥐
	surcharge 써차쥐
• 할인	discount 디스카운트
	reduction 리덕션
• 현금	cash 캐쉬
• 환불	refund 리펀드

기본표현

고객대응

매장별분류

지불하기

트러블처리

레스토랑

레저·관광

호텔

교통

쇼핑

002 지불하기

얼마입니까?

How much is it?
하우 머치 이짓

How much does it cost?
하우 머치 더짓 코스트

계산은 어디서 합니까?

Where is the cashier?
웨어리즈 더 캐시어

전부해서 얼마나 됩니까?

How much is it all together?
하우 머치 이짓 올 투게더

지불은 어떻게 하시겠습니까?

How would you like to pay?
하우 우쥬 라익 투 페이

모두 만 2천 원입니다.

It's twelve thousand won all together.
잇츠 트웰브 싸우전드 원 올 투게더

영수증을 주시겠어요?

Could I have a receipt?

쿠다이 해버 리시트

세금 포함하여 34달러입니다.

It's thirty-four dollars with tax.

잇스 써리포 달러즈 윗택스

어떻게 지불하시겠습니까?

How will you be paying for it?

하우 윌 유 비 페잉 훠릿

거스름돈 5천 원입니다.

Here is your change 5 thousand won.

히어리즈 유어 체인쥐 파이브 싸우전드 원

감사합니다. 또 오세요.

Thank you. Please come again.

땡큐. 플리즈 컴 어겐

잔돈 있으세요?

Do you have any small change?

두유 햅 애니 스몰 체인쥐

003 신용카드 결제

현금으로 지불하시겠습니까, 아니면 카드로 하시겠습니까?

Will this be cash or charge?

윌 디쓰 비 캐쉬 오어 차쥐

신용카드도 됩니까?

May I use a credit card?

메이아이 유저 크레딧 카드

Do you accept credit cards?

두유 액셉트 크레딧 카즈

네, 주요 카드들을 받습니다.

Sure. We accept major credit cards.

슈어. 위 액셉트 메이저 크레딧 카즈

죄송하지만 신용카드는 받지 않습니다.

I'm sorry. We don't accept credit cards.

아임 소리. 위 돈 액셉트 크레딧 카즈

이 카드는 사용 기한이 지났습니다.

This card is expired.

디스 카드 이즈 익스파이어드

카드 한도가 초과되었네요.

Your credit card maxed out.

유어 크레딧 카드 맥스드 아웃

손님, 카드 승인이 떨어졌습니다.

Your card has been approved.

유어 카드 해즈빈 어프룹드

손님, 카드 승인이 나질 않습니다.

Your card failed to get approval.

유어 카드 페일드 투 겟 어프루벌

지불 횟수는 몇 번으로 할까요?

In how many installments do you want to pay?

인 하우 매니 인스톨먼츠 두유 원투 페이

세 번으로 해 주세요.

Three times, please.

쓰리 타임즈 플리즈

• once (원스):한 번, • twice (트와이스):두 번

여기 사인을 해 주십시오.

Could you sign here, please?

쿠쥬 사인 히어 플리즈

004 전자화폐·쿠폰·포인트카드

여기에 카드를 태그해 주세요.

Hold your card here, please.

홀드 유어 카드 히어 플리즈

잔액이 부족합니다.

The balance is too low.

더 밸런스 이즈 투 라우

여기에선 충전하실 수 없습니다.

You can't recharge it here.

유 캔트 리차쥐 잇 히어

편의점에서 충전할 수 있습니다.

It can be recharged at convenience stores.

잇 컨비 리차쥐드 엣 컨비년스 스토어즈

금액을 얼마나 충전하시겠습니까?

How much do you like to recharge it?

하우 머취 두유 라익투 리차쥐 잇

충전은 1,000원 단위로 할 수 있습니다.

You can recharge it in 1,000 won units.

유 컨 리차쥐 잇 인 원싸우전드 원 유닛츠

포인트카드는 있으십니까?

Do you have a point card?

두유 해버 포인트카드

쿠폰을 가져오시면 1000원 할인해 드립니다.

You can get 1,000 won off with this coupon.

유 컨 겟 원 싸우전드 원 오프 윗 디스 큐판

이 쿠폰은 사용하실 수 없습니다.

Sorry, we can't accept this coupon.

쏘리 위 캔트 액셉트 디스 큐판

포인트카드 가입하시겠어요?

Would you like to apply for membership?

우쥬 라익투 어플라이 포 멤버쉽

기본표현

고객대응

매장별분류

지불하기

트러블처리

레스토랑

레저 · 관광

호텔

교통

회슐

가입비나 연회비는 없습니다.

There is no admission fee or membership fee.

데어리즈 노우 엇미션 피 오어 멤버쉽 피

포인트 유효기간은 3년입니다.

Points are valid for 3 years.

포인츠 아 벌릿 포 쓰리 이어즈

포인트를 사용하시겠습니까?

Would you like to use your points?

우쥬 라익투 유즈 유어 포인츠

🧐 알고 넘어가재!!

신용카드 포인트는 신용카드를 쓸 때마다 쌓이지만
실제로는 보이지 않기 때문에 사용하지 않아서 그냥 소멸해 버리는 경
우가 많다.
포인트를 활용하는 방법은 카드사 홈페이지에서 여러 가지 생활용품을
구매할 수 있고, 백화점이나 영화관, 패밀리 레스토랑, 주유소, 놀이공
원 등에서 현금처럼 이용할 수 있다. 여러 카드사에 흩어져 있는 포인트
를 모아주는 사이트도 있는데 포인트 파크(www.pointpark.com), 포인
트 아웃렛(www.pointoutlet.com) 등 포인트 통합사이트가 그것이다.

PART **05**

트러블 처리
Handling Troubles

고객의 불만사항을 회피하지 말고 적극적으로 대처하는 모습이 필요하다. 정확하게 문제를 파악하고 자신감과 책임의식을 가지고 신속하게 해결책을 강구하는 행동이 좋은 인상을 남기게 된다.

반품 · 교환하기

이걸 반품하고 싶습니다.

I'd like to return this.
아이드 라익 투 리턴 디스

환불해 주시겠어요?

Can I get a refund?
컨아이 게러 리펀드

I'd like a refund.
아이드 라익커 리펀드

왜 반품을 하시려는 거죠?

Why are you returning it?
와이 아유 리터닝 잇

작동이 되지 않습니다.

It doesn't work.
잇 더즌 워크

이쪽 부분이 망가져 있습니다.

This part is broken.
디스 팟이즈 브로큰

사용했던 것은 반품이 안 됩니다.

The used items are not returnable.

디 유즈드 아이텀 아 낫 리터너블

영수증 가지고 계십니까?

Do you have the receipt?

두 유 해브 더 리씻

영수증이 없으면 곤란합니다.

No receipt, no refund.

노우 리싯 노우 리펀드

여기 영수증이 있습니다.

Here's the receipt.

히어즈 더 리시트

구입할 때는 몰랐습니다.

I didn't notice when I bought it.

아이 디든 노우티스 웬아이 보릿

다른 걸로 바꿔 주세요.

Could you exchange this?

쿠쥬 익스체인지 디스

치수가 틀린 걸 샀어요.

I bought the wrong size.
아이 보트 더 렁 사이즈

상품을 보여 주세요.

Let me look at the goods.
렛 미 룩 앳 더 굿즈

카드 결제를 취소해 드리겠습니다.

We'll cancel the transaction.
윌 캔슬 더 추랜섹션

현찰로 내셨으면 현찰로 내어 드립니다.

If you paid by cash, we'll give you cash.
이퓨 페이드 바이 캐쉬 윌 기뷰 캐쉬

관련 어휘

• 개봉한 물건	unsealed	언씰드
• 결함	defect	디펙트
• 교환	exchange	익스체인지
• 다른 사이즈	different size	디퍼런트 사이즈
• 망가진	broken	브로큰
• 불량품	defective product	디펙팁 프러덕트
• 환불	refund	리펀드
• 흠이 있는	damaged	데미지드

002 제품 수리

이런 손상은 보상 대상이 아닙니다.

The warranty doesn't cover damage of this kind.

더 워런티 더즌트 커버 대미쥐 업 디스 카인

좀 보겠습니다. 네, 작동하지 않는군요.

Let me see. Right. It's not working.

렛미씨. 롸잇. 잇스 낫 워킹

어떻게 해서 이렇게 되었는지 말씀해 주십시오.

Please tell me how it happened.

플리즈 텔미 하우 잇 해픈드

수리는 무료입니다.

The repair is free of charge.

더 리페어 이즈 프리 업 차쥐

수리하는데 며칠 걸립니다. 괜찮으십니까?

It'll take a few days to fix it. Is that okay?

이를 테익 어퓨 데이즈 투 픽싯. 이즈 댓 오케이

135

003 분실물

지갑을 잃어버렸어요.

I think I lost my wallet.
아이 씽크 아이 로슷 마이 월릿

어디에서 잃어버렸는지 기억하세요?

Do you remember where you lost it?
두유 리멤버 웨어 유 로스팃

남성복 매장에서였던 것 같아요.

I think I lost it in the men's clothing department.
아이 씽크 아이 로스팃 인더 멘즈 클로씽 디팟먼트

알겠습니다. 그럼 그 매장에서 확인해 보겠습니다.

Okay. I'll check that department, then.
오우케이 아일 첵 댓 디팟먼트 덴

주인 확인을 위해 성함을 알려주시겠습니까?

May I have your name to make sure it's yours?
메이 아이 햅 유어 네임 투 메익 슈어 잇스 유어즈

이쪽엔 없습니다. 찾는 대로 연락드리겠습니다.

We don't seem to have it here. I'll
let you know when we find it.
위 돈 씸투 해빗 히어 아일 레츄 노우 웬 위 파인딧

거기에 뭐가 들어 있습니까?

Could you tell me what's in it?
쿠쥬 텔 미 왓스 인 닛

전화번호를 알려주시겠습니까?

Could you tell us your phone
number?
쿠쥬 텔어스 유어 폰 넘버

자리에 가방을 두고 갔어요.

I left my bag at my seat.
아이 렙트 마이 백 앳 마이 씨트

알겠습니다. 잠시만 기다리세요.

Okay, wait a second.
오우케이 웨이러 세컨드

이게 당신 것입니까?

Is this yours?
이즈 디스 유어즈

004 부상 · 질병

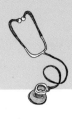

어딘가 불편하십니까?

Do you feel sick?

두유 필 식

실례지만 몸이 안 좋아요.

Excuse me, I don't feel good.

익스큐즈 미 아이돈 필 굿

여기 누우세요.

Lie down here.

라이다운 히어

병원에 가시는 게 좋습니다.

I think You should go to the hospital.

아이 씽크 유 슛 고우 투더 하스피털

구급차를 부르겠습니다.

I'll call an ambulance.

아일 콜언 앰뷸런스

이 휠체어를 사용하세요.

Please use this wheelchair.

플리즈 유즈 디스 휠췌어

어디 아프세요?

Where do you feel pain?

에어 두유 필 페인

몸조리 잘하세요.

Please take care of yourself.

플리즈 테익 케어럽 유어셀프

감기에 걸렸습니다.

I have a cold.

아이 해버 콜드

여기가 아픕니다.

I have a pain here.

아이 해버 페인 히어

기본표현

고객대응

매장별분류

지불하기

트러블처리

레스토랑

레저·관광

호텔

교통

회술

🔍 관련 어휘

- 간호사   nurse 너스
- 구급차   ambulance 앰뷸런스
- 깁스   cast 캐스트
- 내과   internal department 인터널 디팟먼트
- 링거(혈관주사)   IV injection 아이뷔 인젝션
- 목발   crutches 크러취즈
- 비뇨기과   urology 유어랄러지
- 산부인과   obstetrician 압스터 트리션
- 성형외과   plastic surgery 플래스틱 써저리
- 소독   disinfection 디스인펙션
- 소아과   pediatrician's 피디아트리션즈
- 수술   operation 아퍼레이션
- 안과   ophthalmic clinic 압샐믹 클리닉
- 외과   surgry 써저리
- 응급구조요원   EMT(emergency medical technician) 이엠티
- 의사   doctor 닥터
- 이비인후과   ENT clinic 이엔티 클리닉
- 접수창구   reception 리셉션
- 정신과   psychiatry 시카이어트리
- 정형외과   orthopedics 오서피딕스
- 주사   injection shot 인젝션 샷
- 처방전   prescription 프리스크립션
- 체온계   thermometer 서머미터
- 치과   dental clinic 덴탈 크리닉
- 치료   treatment 트리트먼트
- 피부과   dermatology 더머탈러지
- 환자   patient 페이션트
- 휠체어   wheelchair 휠체어

005 도난 사건

무슨 일이십니까?

What's the matter with you?
왓스 더 메러 위쥬

지갑을 도난당했습니다.

I was robbed of my purse.
아이 워즈 랍트 옵 마이 퍼스

I had my wallet stolen.
아이 햇 마이 월릿 스톨른

여권을 잃어버렸어요.

I lost my passport.
아이 로스트 마이 패스폿

도와주세요!

Help!
헬프

저놈을 잡아 주세요!

Catch him!
캐취 힘

소매치기를 당했습니다.

I was pickpocketed.

아이 워즈 픽파킷티드

경찰을 불러 주세요.

Call the police.

콜 더 펄리스

방에 도둑이 들었습니다.

A burglar broke into my room.

어 버글러 브로욱 인투 마이 룸

도난신고를 하고 싶습니다.

I'd like to report a theft.

아이드 라익 투 리포터 쎄프트

☜ 관련 어휘

- 귀중품   valuables 밸류어블즈
- 도난   theft 쎄프트
- 분실물   lost item 로스트 아이템
- 여권   passport 패스포트
- 재발행   reissue 리이슈
- 짐   luggage 러기지

PART 06

레스토랑
Restaurant

예약에서부터 손님 맞기, 주문 받기, 식사법 설명까지 그리고 레스토랑뿐만 아니라 일식집, 술집, 패스트푸드 등에서 외국인 고객을 응대하는 데 필요한 회화를 자세히 수록하였다.

예약 및 좌석 잡기

여기서 예약할 수 있나요?

Can we make a reservation here?

컨위 메이커 레저베이션 히어

예약을 하고 싶습니다.

I'd like to make a reservation.

아이드 라익 투 메이커 레저베이션

 언제입니까?

For when, sir?

포 웬 써

 몇 분이십니까?

How many in your party?

하우 매니 인 유어 파티

오후 6시 반에 5명이 갑니다.

Five people at 6:30 p.m.

파이브 피플 엣 식스 써티 피엠

두 사람 좌석을 주십시오.

A table for two, please.

어 테이블 포 투 플리즈

어떤 자리를 원하십니까?

What kinf of table would you like?

왓 카인덥 테이블 우쥬 라이크

성함이 어떻게 되십니까?

May I have your name?

메아이 해뷰 유어 네임

전화번호를 말씀해 주시겠어요?

May I have your phone number.
please?

메아이 해뷰 폰 넘버 플리즈

예약이 완료되었습니다.

Your reservation has been made.

유어 레저베이션 해즈 빈 메이드

기본표현

고객대응

매장별분류

지불하기

트러블처리

레스토랑

레저·관광

호텔

교통

관습

실례지만 저희는 예약을 받지 않습니다.

I'm sorry but we don't accept
reservations.

아임 쏘리 벗 위 돈 액셉트 레저베이션즈

들어오시는 순서로 서비스를 받습니다.

It's on a first-come-first-served
basis.

잇스 온어 퍼스트컴 퍼스트서브드 베이시스

실례지만 7시는 예약이 꽉 찼습니다.

Sorry, we are fully booked at seven.

쏘리 위아 풀리 북드 앳 쎄븐

그 시간엔 대개 만석입니다.

Usually at that time, the seats are full.

유우절리 앳댓 타임 더 시츠 아 풀

7시 이전엔 자리가 있습니다.

We have a table available before 7.

위 해버 테이블 어베일러블 비포 쎄븐

많은 손님은 받지 않습니다.

We can't take large parties.
위 캔트 테익 라지 파티즈

여덟 시에 가능합니다.

We have a table at eight.
위 해버 테이블 앳 에잇

003 위치 안내

가게 위치 알려주세요.

Please tell me how to get to your store.

플리즈 텔미 하우 투 겟 투 유어 스토어

부천 남부 역으로 나오세요.

Go out the south exit of Bucheon Station.

고우 아웃 더 사우스 엑싯 업 부천 스테이션

3번 출구로 나오면 오른편에 있습니다.

Go out the 3rd exit, and it's on your right.

고우 아웃 더 써드 엑싯 앤 잇스 온 유어 라잇

저희 식당은 호텔 옆에 있습니다.

Our restaurant is next to a hotel.

아워 레스터런트 이즈 넥스투 어 호우텔

저희는 서점 건너편에 있습니다.

We are across from a bookstore.
위 아 어크로스 프럼 어 북스토어

주차장은 있나요?

Do you have a parking lot?
두유 해버 파킹 랏

네, 가게 뒤에 세우시면 됩니다.

Yes, you can park in back of the
store.
예스 유 캔 팍 인 백업 더 스토어

죄송하지만 주차장은 없습니다.

I'm sorry, we don't have a parking lot.
아임 쏘리 위돈 해버 파킹 랏

역으로 모시러 가겠습니다.

I'm coming to get you at the station.
아임 커밍 투 게츄 엣 더 스테이션

길을 모르시면 다시 전화 주세요.

If you get lost, give me a call again.
이프 겟 로스트 깁 미 어 콜 어겐

기본표현

고객대응

매장별분류

지불하기

트러블처리

레스토랑

레저·관광

호텔

교통

회술

004 손님 안내

손님은 몇 분이십니까?

How large is your party?
하우 라지 이쥬어 파리

How many of you, sir?
하우 메니 어뷰 써

2명인데, 자리 있나요?

We are two. can we have a table?
위 아 투. 캔 위 해버 테이블

안내해 드릴 때까지 앉아서 기다려 주십시오.

Please wait to be seated.
플리즈 웨잇 투비 씨티드

기다리게 해서 죄송합니다.

Sorry to keep you waiting.
쏘리 투 킵유 웨이팅

제가 자리로 안내하겠습니다.

I'll show you to the table.
아일 쇼우유 투더 테이블

몇 분만 기다려 주시겠습니까?

Would you please wait for a few minutes?

우쥬 플리즈 웨잇 포러퓨 미닛츠

제가 시중을 들겠습니다.

I'm your server.

아임 유어 서버

이 자리가 괜찮으십니까?

Will this table be fine?

윌 디스 테이블 비 파인

원하시는 자리에 앉으세요.

Please take any table you like.

플리즈 테익 애니 테이블 유 라익

다른 자리로 안내해 드리겠습니다.

I'll show you to another table.

아일 쇼우 유 투 어너더 테이블

005 예약 손님 받기

어서 오세요. 예약은 하셨습니까?

Good evening. Do you have a reservation?

굿 이브닝. 두유 해버 레저베이션

네, 했습니다.

Yes, I do.

예스 아이 두

7시 30분으로 리사라는 이름으로 예약했습니다.

I have a reservation for Lisa at 7:30.

아이 해버 레저베이션 포 리사 엣 쎄븐 써리

성함이 어떻게 되십니까?

May I have your name, sir?

메아이 해뷰어 네임 써

스톤입니다.

I'm Stone.

아임 스톤

스톤 님, 8시에 4명으로 되어 있습니다.

Mr. Stone, a table for four at eight.

미스터 스톤 어 테이블 포 포어 앳 에잇

코트를 받아드릴까요?

May I take your coat?

메아이 테이큐어 코우트

맡기실 물건이 있습니까?

Would you like us to keep your things here?

우쥬 라이커스 투 킵 유어 씽즈 히어

이게 손님 물건 보관표입니다.

This is the claim check for your belongings.

디스 이즈 더 클레임 첵 포 유어 빌롱잉즈

예약 인원을 변경하고 싶습니다.

I'd like to change the number of people of the reservation.

아이드 라익 투 체인지 더 넘버 럽 피플 업 더 레져베이션

만석인 경우

죄송하지만 지금 만석입니다.

Sorry, we have no tables available at the moment.

쏘리 위 햅노우 테이블즈 어베일러블 앳 더 모우먼

얼마나 기다려야 하나요?

How long will we have to wait?

하울 롱 윌 위 햅투 웨잇

대략 15분 정도입니다.

About 15 minutes, ma'am.

어바웃 피프틴 미니츠 맴

10분 정도 기다려 주시겠어요?

Could you wait about 10 minutes?

쿠쥬 웨잇 어바웃 텐 미닛츠

조금 더 기다려 주시겠어요?

Could you wait a little longer?

쿠쥬 웨잇 어 리틀 롱거

좋아요. 기다릴게요.

All right, we can wait.

올라잇 위 컨 웨잇

기다리시게 해서 죄송합니다.

Sorry to have kept you waiting.

쏘리 투 햅 켑츄 웨이팅

합석하셔도 괜찮습니까?

Would you mind sharing a table
with someone?

우쥬 마인드 셰어링 어 테이블 윗 섬원

네, 그럼요.

No problem.

노우 프라블럼

합석은 안 되겠습니다.

I'd rather not share a table.

아이드 래더 낫 쉐어러 테이블

그럼 잠시 기다려 주시겠습니까?

Could you wait for a while, then?

쿠쥬 웨잇 포러 와일 덴

기본표현
고객대응
매장별문의
지불하기
트러블처리
레스토랑
레저·관광
호텔
교통
회화

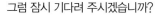

007 주문 받기

메뉴를 보시겠어요?

Would you like to see the menu?
우쥬 라익 투 씨 더 메뉴

주문을 받아도 될까요?

Are you ready to order?
아유 레디 투 오더

Would you like to order now?
우쥬 라익 투 오더 나우

May I take your order?
메아이 테이큐어 오더

메뉴판 좀 갖다 주세요.

May I see the menu, please?
메아이 씨 더 메뉴 플리즈

Could you give me the menu,
please?
쿠쥬 깁미 더 메뉴 플리즈

이건 런치타임 한정 메뉴입니다.

This is for lunch-time only.
디시즈 포 런치타임 온리

더 오실 분이 있나요?

Are you waiting for someone?

아유 웨이팅 포 섬원

죄송하지만 그건 떨어졌습니다.(재료 품절)

I'm sorry, we're out of that.

아임 쏘리 위어 아우럽 댓

특별 요리는 저쪽 게시판에 있습니다.

The specials are listed on that board.

더 스페셜즈 아 리스팃 온 댓 보드

스테이크는 어떻게 해드릴까요?

How would you like your steak?

하우 우쥬 라이큐어 스테익

수프로 하시겠어요, 샐러드로 하시겠어요?

Soup or salad?

숩 오어 샐럿

- 간장   soy sauce 소이 소스
- 겨자   mustard 머스타드
- 고추   red pepper 레드 페퍼
- 고추냉이   horseradish 호스래디쉬(와사비)
- 과일   fruit 프르트
- 나이프   knife 나이프
- 냅킨   napkin 냅킨
- 드레싱   dressing 드레싱
- 레어   rare 레어(살짝 굽기)
- 마요네즈   mayonnaise 메이어네즈
- 무를 강판에 간 것   grated radish 그레이티드 래디쉬
- 미디엄   medium 미디엄(중간 굽기)
- 버터   butter 버터
- 빵   bread 브레드
- 생강   ginger 진저
- 설탕   sugar 슈거
- 소금   salt 솔트
- 소스   sauce 소스
- 수프   soup 수프
- 스테이크   steak 스테이크
- 스푼   spoon 스푼
- 식초   vinegar 비니거
- 아이스크림   ice cream 아이스크림
- 양식   Western food 웨스턴 풋
- 요구르트   yogurt 요거트
- 웰던   well-done 웰던(잘 굽기)
- 일품요리   a la carte 알러 카트
- 잼   jam 잼
- 전채   hors-d'oeuvre (프) 오르되브르(수프 전에 나오는 간단한 요리)

- 조미료　　　　　condiments 카디먼츠
- 케첩　　　　　　ketchup 케첩
- 포크　　　　　　fork 포
- 풀코스　　　　　full-course 풀코스
- 피클　　　　　　pickles 피클
- 후식　　　　　　dessert 디저트
- 후추　　　　　　pepper 페퍼

008 추천 요리

이 식당에서 가장 맛있는 음식이 뭐죠?

What is the most delicious food in this restaurant?

와리즈 더 모스트 딜리셔스 푸드 인 디스 레스터런트

이쪽이 오늘의 추천 메뉴입니다.

This is a list of today's recommendations.

디스 이저 리스텁 투데이스 레커멘데이션즈

이쪽은 저희 가게에서 가장 인기 있는 메뉴입니다.

These are the most popular dishes at our restaurant.

디즈 아 더 모스트 파퓰러 디쉬즈 앳 아워 레스터런트

이쪽은 저희 셰프가 추천하는 것입니다.

This is the chef's recommendation.

디시즈 더 쉐프스 레커멘데이션

오늘은 연어가 괜찮습니다.

We have good salmon today.

위 햅 굿 새먼 투데이

한번 드셔 보시겠습니까?

Would you like to try it?

우쥬 라익투 추라잇

좋아요. 그걸 먹어 보죠.

Okay. I'll try that.

오케이 아일 추라이 댓

ⓠ 관련 어휘

• 김밥	rice roll with seaweed 라이스 롤 윗 씨윗
• 김치찌개	kimchi stew 김치스튜
• 나물	seasoned vegetables 시즌드 베지터블즈
• 냉면	cold noodles 코울드 누들즈
• 된장찌개	bean paste stew 빈페이스트 스튜
• 만두	dumplings 덤플링즈
• 불고기	beef barbecue 빕 바비큐
• 삼겹살	pork belly 포크벨리
• 삼계탕	chicken ginseng soup 치킨 진셍 숩
• 설렁탕	beef bone and tripe soup 빕본 앤 트라입 숩
• 전	battered and pan-fried dishes 배터드 앤 팬프라이드 디쉬즈
• 찌개	stews 스튜즈
• 추어탕	loach soup 로우취 숩
• 해물전골	assorted seafood hotpot 어쏘티드 씨푸드 핫팟

음식 서비스

나왔습니다. 이게 불고기입니다.

Here you are. This is the beef barbecue.

히어류 아. 디시즈 더 빕 바비큐

후추를 주시겠어요?

Could I have some pepper?

쿠다이 햅 섬 페퍼

알겠습니다. 곧 가져오겠습니다.

Sure. I'll bring it right away.

슈어. 아일 브링 잇 라잇 어웨이

뜨거우니 조심하세요.

Be careful. It's very hot.

비 케어펄. 잇스 베리 핫

주문하신 건 다 받으셨나요?

Do you have everything you ordered?

두유 햅 에브리씽 유 오덧

기본표현
고객대응
매장별분류
지불하기
트러블처리
레스토랑
레저·관광
호텔
교통
회화

010 식사법 설명

젓가락을 사용하십니까?

Would you like chopsticks?

우쥬 라익 찹스틱스

이건 어떻게 먹어야 합니까?

How do I eat this?

하우 두 아이 잇 디스

이 소스에 찍어서 드십시오.

Please dip it in this sauce.

플리즈 디핏 인 디소스

생선은 소금을 약간 찍어서 드시길 권합니다.

I recommend eating the fish with a little salt.

아이 레커멘드 이팅 더 피쉬 위더 리를 솔트

이건 간장 없이 드셔도 됩니다.

You don't need any soy sauce for this one.

유돈 닛 애니 소이소스 포 디스 원

165

011 음식 맛 표현

아주 맛있는데요.

It's very good.
잇스 베리 굿

It's delicious.
잇스 딜리셔스

이 음식은 너무 맵군요.

This food is too spicy[hot].
디쓰 푸드 이즈 투 스파이시[핫]

• spicy 향긋한, 양념을 많이 넣은, 짜릿한

이건 제 입맛에 안 맞아요.

This food doesn't suit my taste.
디스 풋 더즌 숫 마이 테이스트

달콤해요.

It's sweet.
잇스 스윗

싱거워요.

It's bland.
잇스 블랜드

손님 입맛에 맞으세요?

Does this food suit your taste?

더즈 디스 푸드 수트 유어 테이스트

순해요(부드러워요).

It's mild.

잇스 마일드

써요.

It's bitter.

잇스 비터

짜요.

It's salty.

잇스 쌜티

비린내 나요.

It's fishy.

잇스 피쉬

시큼해요.

It's sour.

잇스 사우어

기본표현

고객대응

매장별분류

지불하기

트러블처리

레스토랑

레저 · 관광

호텔

교통

회화

신선해요.

It's fresh.

잇스 후래쉬

미지근해요

It's tepid.

잇스 테핏

신선하지 않아요.

It's stale.

잇스 스테일

연해요.

It's tender.

잇스 텐더

(고기가) 질겨요.

It's tough.

잇스 터프

기름기가 많아요.

It's fatty[oily].

잇스 패티[오일리]

012 식사 도중 서비스

음식은 어떠세요?

How are you doing, sir?

하우 아 유 듀잉 써

필요하신 게 있습니까?

Do you need anything?

두 유 닛 애니씽

음료를 한 컵 더 드릴까요?

Would you like another cup?

우쥬 라익 어나더 컵

새 젓가락을 갖다 드리겠습니다.

I'll bring new chopsticks for you.

아일 브링 뉴 찹스틱스 포유

접시를 치워 드릴까요?

May I take your dishes?

메아이 테익 유어 디쉬즈

169

013 식사가 끝났을 때

다른 것을 더 드시겠습니까?

Will you have something else?

윌 유 햅 썸씽 엘쓰

스테이크가 어떠세요?

How's your steak?

하우즈 유어 스테익

음식이 괜찮으셨나요?

Are you enjoying your meal?

아유 인조잉 유어 밀

괜찮으셨습니까, 손님?

Is everything all right, sir?

이즈 에브리씽 올라잇 써

커피 더 드릴까요?

More coffee?

모어 커피

더 필요하신 게 있습니까?

Anything else I can do for you?

애니씽 엘스 아이 컨 두 포 유

맛있었다니, 감사합니다.

I'm glad you liked it.

아임 글랫 유 라익 팃

디저트 드시겠어요?

Would you care for dessert?

우쥬 케어 포 디저트

💬 관련 어휘

• 기호음료	beverages 비버리쥐즈
• 냉커피	iced coffee 아이스드 커피
• 녹차	green tea 그린티
• 레몬차	tea with lemon 티 위드 레먼
• 밀크티	tea with milk 티 위드 밀크
• 생수	mineral water 미네럴 워터
• 주스	juice 주스
• 청량음료	soft drink 소프트 드링크
• 커피	coffee 커피
• 콜라	cola 코울러
• 탄산음료	soda pop 소더팝
• 홍차	(black) tea (블랙) 티

014 지불할 때

계산 부탁합니다.

May I have the check?

메아이 햅 더 첵

알겠습니다. 계산서를 가져오겠습니다.

Certainly. I'll bring your bill.

써튼리. 아일 브링 유어 빌

계산은 어디서 합니까?

Where is the cashier?

웨어리즈 더 캐시어

카운터에서 지불해 주시겠어요?

Would you pay at the cashier?

우쥬 페이 앳 더 캐쉬어

You can pay at the register.

유 컨 페이 앳더 레지스터

저한테 주시면 됩니다.

You can pay me.

유 컨 페이 미

영수증 필요하세요?

Do you need a receipt?

두 유 니더 리시트

저쪽 입구 옆에 있습니다.

It's right there, by the entrance.

잇스 라잇 데어 바이 디 엔트런스

3만 원 되겠습니다.

That'll be thirty thousand won.

대를 비 써티 싸우전드 원

기본표현

고객대응

매장별분류

지불하기

트러블처리

레스토랑

레저·관광

호텔

교통

회화

🔍 관련 어휘

• 서비스료	service charege 서비스 차쥐
• 영수증	receipt 리시트
• 따로 내다	pay separately 페이 세퍼레이틀리
• 합해서 내다(지불하다)	pay together 페이 투게더

015 서비스가 늦은 경우

실례지만 지금 30분 이상 기다리고 있어요.

Excuse me, We've been waiting for over thirty minutes.

익스큐즈 미 위브 빈 웨이팅 포 오버 써리 미니츠

기다리게 해드려 죄송합니다.

Sorry to have kept you waiting.

쏘리 투 햅 켑츄 웨이팅

주방에 확인해 보겠습니다.

I'll check with the kitchen.

아일 첵 윗 더 키친

주문하신 요리는 2, 3분 내로 나옵니다.

Your order will be ready in a few minutes.

유어 오더 윌비 레디 인어 퓨 미니츠

이건 제가 주문한 게 아닙니다.

This is not what I ordered.

디시즈 낫 와라이 오더드

저희 실수였습니다.

It was our mistake.
잇 워즈 아워 미스테익

얼마나 더 시간이 걸리나요?

How long will it take?
하우 롱 윌 잇 테익

주방에 가서 즉시 다시 만들도록 하겠습니다.

I'll ask the kitchen to make another
right away.
아일 애스크 더 키친 투 메익 어나더 라잇 어웨이

불편을 드려 죄송합니다.

I apologize for the inconvenience.
아이 어팔러자이즈 포 더 인컨비넌스

016 영업일 · 시간

정기 휴일은 언제입니까?

What days are you closed?

왓 데이즈 아 유 클로즈드

월요일이 정기 휴일입니다.

We're closed on Mondays.

위어 클로즈드 온 먼데이즈

We're not open on Mondays.

위어 낫 오픈 온 먼데이즈

영업 시간은 어떻게 됩니까?

Could you tell me your business hours?

쿠쥬 텔미 유어 비즈니스 아워즈

오전 10시부터 오후 9시까지입니다.

We're open from 10 a.m. to 9 p.m.

위어 오픈 프럼 텐 에이엠 투 나인 피엠

Our business hours are from 10 a.m. to 9 p.m.

아워 비즈니스 아워즈 아 프럼 텐 에이엠 투 나인 피엠

점심 시간은 오전 11시부터 오후 2시까지입니다.

We're open from 11 a.m. to 2 p.m. for lunch.

위어 오픈 프럼 일레븐 에이엠 투 투 피엠 포 런치

마지막 주문은 8시 반까지입니다.

We take last orders at 8:30 p.m.

위 테익 라스트 오더즈 앳 에잇 써리 피엠

주말에도 영업하나요?

Are you open on weekends?

아 유 오픈 온 위켄즈

토요일은 오후 10시에 닫습니다.

We close at 10 p.m. on Saturdays only.

위 클로즈 앳 텐 피엠 온 세러데이즈 온리

017 일식집에서

방으로 하시겠습니까, 테이블로 하시겠습니까?

Would you like Japanese-style tatami seats or chairs?

우쥬 라익 재퍼니즈 스타일 타타미 시츠 오어 체어즈

신발을 벗고 들어가세요.

Please take off your shoes.

플리즈 테익 오프 유어 슈즈

못 드시는 것이 있습니까?

Is there anything you can't eat?

이즈 데어 애니씽 유 캔트 이트

오늘 물 좋은 새우가 있습니다.

We have some fresh shrimps today.

위 햅 섬 프레쉬 쉬림프스 투데이

간장에 찍어 드세요.

Dip it in the soy sauce.

딥 인 더 소이소스

샤부샤부를 추천합니다.

I recommend shabu-shabu.

아이 레커멘드 샤부샤부

젓가락 대신 나이프와 포크를 드릴까요?

Would you like me to bring a knife
and a fork instead of chopsticks?

우쥬 라익 미 투브링 어 나입 애너 포크 인스텟 업 찹스틱스

참치는 다 나갔습니다.

Tuna is no longer available.

투너 이즈 노우 롱거 어베일러블

🔍 관련 어휘

• 국수	soba 소바
• 샤부샤부	shabushabu 샤부샤부(얇게 저민 쇠고기를 데쳐 양념장에 찍어 먹음)
• 야채절임	pickles 피클즈
• 우동	udon 우동
	noodles 누들즈
• 전골	sukiyaki 스키야키
• 젓가락	chopsticks 찹스틱스
• 초밥	sushi 스시
• 회	sashimi 사시미

018 술집에서

와인 메뉴 좀 볼까요?

Can I see your wine list?

컨 아이 씨 유어 와인 리슷

어떤 맥주가 있습니까?

What kind of beer do you have?

왓 카인더브 비어 두유 햅

맥주 두 잔 갖다 주세요.

Will you get us two beers?

윌 유 게러스 투 비어즈

맥주 한 병 더 주세요.

Another bottle of beer, please.

어나더 바틀 업 비어 플리즈

이 술은 독한가요?

Is it strong?

이칫 스트롱

≫ strong은 술이 '독하다' 또는 커피가 '진하다'라는 뜻입니다. 반대말은 weak(약한, 묽은)입니다.

얼음을 타서 주세요.

On the rocks, please.

온 더 락스 플리즈

매실주 한 잔 어떠세요?

How about a glass of plum wine?

하우 어바우러 글래스 업 플럼 와인

안주는 무엇이 있습니까?

What food do you have to go with your wine?

왓 푸드 두 유 햅 투 고우 위쥬어 와인

뭐 좀 마시겠어요?

Would you like something to drink?

우쥬 라익 썸씽 투 드링크

신분증 좀 보여주실래요?(상대가 너무 어려보일 때)

May I see your ID?

메아이 씨 유어 아이디

- 럼주　　　　rum 럼
- 맥주　　　　beer 비어
- 바텐더　　　bartender 바텐더
- 백포도주　　white wine 화이트 와인
- 보드카　　　vodka 보드카
- 브랜디　　　brandy 브랜디
- 생맥주　　　draft[draught] beer 드래프트[드라우트] 비어
- 샴페인　　　champagne 샴페인
- 소다수　　　sparking water 스파클링워터
- 안주　　　　sampler 샘플러
- 온더록스　　on the rocks 온더락스(잔에 얼음을 넣고 양주를 부은 것)
- 와인　　　　wine 와인
- 위스키　　　whisky 위스키
- 적포도주　　red wine 레드 와인
- 진　　　　　gin 진
- 진토닉　　　gin and tonic 진앤토닉
- 칵테일　　　cocktail 칵테일

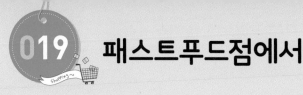

019 패스트푸드점에서

다음 손님!

Next please.

넷스트 플리즈

가져가실 건가요, 아니면 여기서 드실 건가요?

To go or eat in?

투 고우 오어 잇 인

어떤 것으로 하시겠어요?

What'll it be?

와를 잇 비

(피자) 토핑은 뭘 얹을까요?

What would you like on that?

왓 우쥬 라익 언 댓

가져가실 건가요, 배달해 드릴까요?

Is this for pickup or delivery?

이즈 디스 포 픽업 오어 딜리버리

주소와 전화번호는요?

Address and phone number?

어드레스 앤 폰 넘버

치킨버거 포장해 주세요.

A chicken burger, to go, please.

어 치킨 버거 투 고우 플리즈

어느 사이즈로 하실 건가요?

Which size would you like?

윗 사이즈 우쥬 라익

사이즈는 소, 중, 대 3가지가 있습니다.

We have 3 sizes small, medium and large.

위 햅 쓰리 사이지즈 스몰 미디엄 앤 라쥐

어디로 배달해 드릴까요?

Where do you want it delivered?

웨어 두 유 원트 잇 딜리버드?

🔍 관련 어휘

• 감자튀김	french fries 프렌치 프라이즈
• 도넛	doughnut 도우넛
• 도시락	box lunches 박스 런즈
• 라면	instant noodles 인스턴트 누들즈
• 리필	refill 리필
• 밀크셰이크	milk shake 밀크셰이크
• 빨대	straw 스트로
• 샌드위치	sandwich 샌드위치
• 스파게티	spaghetti 스퍼게티
• 주먹밥	rice ball 라이스볼
• 콜라	coke 코우크
• 패스트푸드	fast food 패스트푸드
• 프라이드치킨	fried chicken 프라이드 치킨
• 피자	pizza 핏자
• 핫도그	hot dog 핫도그
• 햄버거	hamburger 햄버거

020 전화 받기

예, 비타민 레스토랑입니다.

Hello! This is Vitamin Restaurant.

헬로우 디씨즈 비타민 레스터런트

네, 접니다.

Yes. Speaking.

예스 스피킹

That's me.

댓스 미

담당자를 바꿔드리겠습니다.

I'll put you through to the person in charge.

아일 푸츄 스루 투더 퍼슨 인 차쥐

기다려 주세요.

Hold on, please.

홀드 온 플리즈

Just a minute, please.

저스터 미닛 플리즈

천천히 다시 한 번 말씀해 주시겠어요?

Please say that again slowly.

플리즈 세이 댓 어겐 슬로우리

누구에게 전화하셨습니까?

Who are you calling?

후 아유 콜링

그런 사람은 이곳에 없습니다.

There's no such person here.

데어즈 노우 서취 퍼슨 히어

죄송합니다만, 못 들었습니다.

Sorry, I didn't catch that.

쏘리 아이 디든 캐취 댓

전화번호를 알려주시겠습니까?

Could you give me your phone number?

쿠쥬 깁미 유어 폰 넘버

휴대폰으로 해보세요.

Try his[her] cellphone.

추라이 히즈[허] 셀폰

PART

레저 · 관광
Leisure & Sightseeing

관광 명소, 박물관, 매표소, 노래방, 마사지 받기 등
외국인뿐만 아니라 외국으로 관광을 떠났을 때에도
사용할 수 있도록 회화를 구성하였다.

명소 관광

꼭 봐야 할 곳은 어디인가요?

Which places are must-sees?

위치 플레이시즈 아 머스트씨즈

정말 멋진 경치네요!

What a fantastic sight!

와러 팬태스틱 사이트

전망이 아주 멋지네요!

What a nice view!

와러 나이스 뷰

기념품 상점은 어디입니까?

Where is the gift shop?

웨어리즈 더 깁트 샵

입장해도 되나요?

Can I get in?

컨아이 게린

저게 뭔지 아세요?

Do you know what that is?

두유 노우 왓 대리즈

시간이 더 있으면 좋겠는데.

I wish I had more time.

아이 위시 아이 해드 모어 타임

언제 세워진 겁니까?

When was it built?

웬 워즈 잇 빌트

여기 누가 살았습니까?

Who lived here?

후 리브드 히어

저는 건축에 관심이 있습니다.

I'm interested in architecture.

아임 인터리스티딘 아키텍춰

저 성당 이름은 뭡니까?

What is the name of the cathedral?

와리즈 더 네임 업더 커씨드럴

기본표현

고객대응

매장별문구

지불하기

트러블처리

레스토랑

레저 · 관광

호텔

교통

외출

191

이 건물은 전망대가 있나요?

Is there an observatory in this building?

이즈 데어런 옵저베이토리 인 디스 빌딩

여기서 얼마나 머뭅니까?

How long do we stop here?

하우 롱 두 위 스탑 히어

이 도시는 관광에 의존합니다.

This town is dependent on tourism.

디스 타운 이즈 디펜던트 온 투어리즘

퍼레이드는 언제 있습니까?

What time do you have the parade?

왓 타임 두 유 햅 더 퍼레이드

가이드 안내는 5분 후에 시작됩니다.

A guide tour will start in five minutes.

어 가이드 투어 윌 스탓 인 파이브 미닛츠

저를 따라오세요.

You can follow me.

유 캔 팔로우 미

가이드에게 귀를 기울이세요.

Please listen to the guide.

플리즈 리슨 투 더 가이드

몇 시에 버스로 돌아오면 됩니까?

By what time should I be back to the bus?

바이 왓 타임 슈다이 비 백 투 더 버스

다음 코스는 에펠탑입니다.

Our next stop is the Eiffel Tower.

아워 넥스트 스탑 이즈 더 에펠 타워

☻ 관련 어휘

• 문화재	cultural property	컬춰럴 프라퍼티
• 볼거리	attractions	어트랙션즈
• 비수기 요금	low-season fare	라우시즌 페어
• 성수기 요금	high-season fare	하이시즌 페어
• 수족관	aquarium	애쿼리엄
• 여행 일정	itinerary	아이티너레리
• 온천	hot spring	핫스프링
• 전망대	observatory	옵저베이터리

002 박물관 관람

그 박물관은 오늘 엽니까?

Is the museum open today?

이즈 더 뮤지엄 오픈 투데이

메트로폴리탄 박물관은 몇 시에 문을 엽니까?

What time is the Metropolitan Museum open?

왓 타임 이즈 더 메트로폴리턴 뮤지엄 오픈

몇 시에 문을 닫습니까?

When is the closing time?

웨니즈 더 크로징 타임

짐을 맡아 주세요.

I'd like to check this baggage.

아이드 라익 투 첵 디스 배기쥐

재입관할 수 있습니까?

Can I reenter?

컨 아이 리엔터

내부를 견학할 수 있습니까?

Can I take a look inside?

컨 아이 테이커 룩 인사이드

전시물을 만지지 마시오.

Please don't touch the exhibits.

플리즈 돈 터치 디 엑시비츠

특별전이 있습니까?

Are there any special exhibitions?

아 데어레니 스페셜 엑시비션즈

고야의 작품은 어디에 있습니까?

Where are the works of Goya?

웨어라 더 웍스 업 고야

이 그림은 누가 그렸습니까?

Who painted this picture?

후 페인팅 디스 피춰

저 동상은 뭐지요?

What's that statue?

왓스 댓 스태츄

기본표현

고객대응

매장별분류

지불하기

트러블처리

레스토랑

레저 · 관광

호텔

교통

미술

전시물의 카탈로그는 있습니까?

Do you have a catalog of the exhibition?

두유 해버 캐털록 업더 엑시비션

이 박물관에서 제일 유명한 전시물은 뭔가요?

What's the most famous exhibit in this museum?

왓스 더 모스트 페이머스 엑시빗 인 디스 뮤지엄

조용히 해 주세요.

Please keep quiet.

플리즈 킵 콰이엇

가까이 가지 마세요.

Don't get too close to it.

돈 겟 투 클로즈 투 잇

뛰지 마세요.

Please don't run.

플리즈 돈 런

여기는 출입 금지 구역입니다.

This area is off limits.

디스 에어리어 이즈 오프 리미츠

출구는 어디인가요?

Where is the exit?

웨어리즈 디 엑짓

화장실은 어디입니까?

Where's the restroom?

웨어즈 더 레스트룸

내부에서 사진 촬영은 괜찮습니까?

May I take a picture inside?

메아이 테이커 픽춰 인사이드

이 건물 내에서는 촬영이 안 됩니다.

You can't take pictures in this building.

유 캔트 테익 픽춰즈 인 디스 빌딩

🗨 관련 어휘

• 미술관	gallery 갤러리
• 박물관	museum 뮤지엄
• 전시물/전시실	exhibit 엑시빗 / show room 쇼우룸
• 촬영금지	no pictures 노우 픽쳐즈
• 팸플릿	brochure 브로우셔
• 휴관일	closing day 클로징 데이

기본표현
고객대응
매장별분류
지불하기
트러블처리
레스토랑
레저·관광
호텔
교통
외출

003 디스코텍에서

인기 있는 디스코텍은 어디입니까?

Where is the popular discotheque?

웨어리즈 더 파퓰러 디스코텍

근처에 디스코텍이 있습니까?

Are there any discos around here?

아 데어래니 디스코스 어라운 히어

술값은 별도입니까?

Do you charge for drinks?

두 유 차쥐 포 드링스

라이브 연주도 있습니까?

Do you have live performances?

두 유 햅 라이브 퍼포먼스즈

어떤 쇼를 보여 주나요?

What kind of show do they have?

왓 카인덥 쇼우 두 데이 햅

봉사료는 얼마입니까?

What's the cover charge?

왓스 더 커버 차쥐

이건 무슨 쇼입니까?

What kind of show is this?

왓 카인덥 쇼 이즈 디스

저와 춤을 추시겠습니까?

Would you dance with me?

우쥬 댄스 위드 미

저는 여기가 너무 어색해요.

I feel like a fish out of water.

아이 필 라이커 피쉬 아우럽 워러

이 노래를 부르겠습니다.

I will sing this song.

아이 윌 씽 디스 송

기본표현

고객대응

매장별분류

지불하기

트러블처리

레스토랑

레저 · 관광

호텔

교통

화술

004 매표소에서

여기서 표를 살 수 있습니까?

Can I buy a ticket here?

컨 아이 바이 어 티킷 히어

매진되었습니다.

The seats are all sold out.

더 씨츠 아 올 솔드 아웃

오늘밤에 어떤 공연이 있나요?

What is on tonight?

와리즈 온 투나잇

공휴일에도 엽니까?

Is it open on public holidays?

이짓 오픈 온 퍼블릭 할러데이즈

안으로 들어갈 수 있나요?

Can I go inside?

컨아이 고우 인사이드

티켓은 얼마입니까?

How much is one ticket?

하우 머취 이즈 원 티킷

어른 두 장 어린이 한 장 주세요.

Two adults and one child, please.

투 어덜츠 앤 원 촤일드 플리즈

다음 공연은 몇 시에 시작하나요?

When does the next show start?

웬 더즈 더 넥스트 쇼우 스탓

단체 할인은 되나요?

Is there a discount for a group?

이즈 데어러 디스카운트 포러 그룹

Do you have a group discount?

두 유 해버 그룹 디스카운트

누가 나오나요?

Who is playing?

후이즈 플레잉

프로그램 팸플릿이 있나요?

Do you have a guide for programs?

두유 해버 가이드 포 프로그램즈

할인 티켓은 있나요?

Do you have some discount tickets?

두 유 햅 썸 디스카운 티킷츠

입장료는 얼마입니까?

How much is the
admission[entrance fee]?

하우 머취즈 디 어드미션[엔트런스 피]

전부 다 지정석입니다.

We have reserved seats only.

위 햅 리저브드 시츠 온리

이 티켓으로 모든 전시를 볼 수 있습니까?

Can I see everything with this
ticket?

컨 아이 씨 에브리씽 위디스 티킷

학생 할인은 있습니까?

Do you have a student discount?

두유 해버 스투던트 디스카운트

제3회 공연 표를 사겠습니다.

I'd like to buy tickets for the third show.

아이드 라익투 바이 티킷츠 포더 써드 쇼우

입장료는 없습니다.

There is no entrance fee.

데어리즈 노 엔트랜스 피

미리 예매를 해야 합니다.

You have to reserve them beforehand.

유 햅투 리저브 뎀 비포핸드

관련 어휘

• 매점	concession stand	컨세션 스탠드
• 매진	sold out	솔드 아웃
• 매표소	box office	박스 오피스
• 예매권	advance ticket	엇밴스 티킷
• 입장료	admission	어드미션
• 자유석	free seating	프리 시팅
• 좌석배치도	seating plan	시팅 플랜
• 지정석	reserved seat	리저브드 시트

005 카지노에서

여기서는 어떤 갬블을 할 수 있습니까?

What kind of gambling can we play here?

왓 카인돕 갬블링 컨 위 플레이 히어

이 호텔에는 카지노가 있습니까?

Is there any casino in this hotel?

이즈 데어레니 커시노우 인 디쓰 호텔

룰렛을 해보고 싶습니다.

I'd like to try Roulette.

아이드 라익 투 추라이 룰렛

갬블은 처음입니다.

I have never experienced gambling before.

아이 햅 네버 익스피어리언스트 갬블링 비포

쉬운 게임은 있습니까?

Is there any easy game?

이즈 데어레니 이지 게임

칩은 어디에서 바꿉니까?

Where can I get chips?

웨어 컨 아이 겟 칩스

주사위를 굴리세요.

Roll the dice.

롤 더 다이스

칩 200달러어치 부탁합니다.

May I have 200 dollars in chips, please.

메아이 햅 투 헌드레드 달러즈 인 칩스 플리즈

칩을 현금으로 바꿔 주세요.

Cash my chips, please.

캐쉬 마이 칩스 플리즈

이곳에 6달러를 걸겠습니다.

I'll bet six dollars on this.

아일 벳 식스 달러즈 온 디스

그만하겠습니다.

I'm out.

아임 아웃

기본표현

고객대응

매장별분류

지불하기

트러블처리

레스토랑

레저 · 관광

호텔

교통

회화

- 에이스   ACE 에이스(A)
- 킹   KING 킹(K)
- 퀸   QUEEN 퀸(Q)
- 잭   JACK 잭(J)
- 조커   JOKER 조우커(JOKER)
- 다이아몬드   DIAMOND 다이어몬드(♦)
- 스페이드   SPADE 스페이드(♠)
- 하트   HEART 하트(♥)
- 클로버   CLUB 클럽(♣)

- 내기   bet 벳
- 승자   winner 위너
- 이기다   win 윈
- 지다   lose 루즈
- 차례   turn 턴
- 카드 한 벌   pack of cards 팩어브 카즈
- 카드를 배분하다   deal 딜
- 카드를 섞다   shuffle 셔플
- 트럼프   cards 카즈
- 패자   loser 루저

006 노래방에서

몇 분이십니까?

How many people?

하우 매니 피플

몇 시간 이용하십니까?

How many hours would you like?

하우 매니 아워즈 우쥬 라익

방 하나, 1시간에 2만 원입니다.

The charge for a room is twenty thousand won.

더 차쥐 포어 룸 이즈 트워니 싸우전드 원

요금은 선불입니다.

Please pay in advance.

플리즈 페이 인 엇밴스

이 방은 8명까지 들어가실 수 있습니다.

This room can seat 8 people.

디스 룸 컨 시트 에잇 피플

방이 꽉 차서 30분 정도 기다리셔야 합니다.

We're full right now. Could you wait for half an hour?

위어 풀 라잇 나우 쿠쥬 웨잇 포어 해펀 아워

터치 화면으로 입력하세요.

Please use this touch screen.

플리즈 유즈 디스 터치 스크린

준비가 되면 불러 드리겠습니다.

We'll call you when your room is ready.

윌 콜 유 웬 유어 룸 이즈 레디

방을 안내해 드리겠습니다.

Let me take you to your room.

렛 미 테이큐 투 유어 룸

영어 노래도 있습니다.

We have English songs, too.

위 햅 잉글리시 송즈 투

연장하시겠습니까?

Do you want to continue?

두유 원투 컨티뉴

기본표현

고객대응

매장별분류

지불하기

트러블처리

레스토랑

레저 · 관광

호텔

교통

화술

007 마사지 받기

마사지 예약을 할게요.

I'd like to make an appointment for a massage.

아이드 라익투 메이컨 어포인먼트 포 어 머사쥐

어떤 코스가 있습니까?

What kind of treatments do you have?

왓 카인덥 트릿먼츠 두유 햅

기본 코스는 얼마입니까?

How much is the basic course?

하우 머취 이즈 더 베이직 코스

어디에서 지불해요?

Where should I pay?

웨어 슈 다이 페이

한 시간 정도로 부탁해요.

One hour, please.

원 아워 플리즈

기분이 좋네요.

I feel good.

아이 필 굿

한국어 메뉴가 있습니까?

Do you have a Korean menu?

두 유 해버 코리언 메뉴

아파요.

It hurts.

잇 허츠

너무 세요.

It's too strong.

잇스 투 스트롱

어떤 효과가 있습니까?

What effect dose this close have?

왓 이펙트 더즈 디스 클로즈 해브

기본표현

고객대응

매장별판매

지불하기

트러블처리

레스토랑

레저·관광

호텔

교통

회화

PART **08**

호텔
Hotel

호텔리어는 각 호텔의 이미지를 대표하기 때문에 그 이미지에 맞게 행동해야 한다. 외국인 고객의 입장에서 감동적인 서비스 마인드로 친절을 베풀면 다시 방문하는 결과로 보답을 받게 된다.

001 예약하기

예약을 부탁합니다.

Reservation, please.

레저베이션 플리즈

오늘 밤 방이 있을까요?

Can I get a room for tonight?

컨 아이 게러 룸 포 투나잇

다음 주에 2박을 예약하고 싶습니다.

I want to make a reservation for two nights next week.

아이 원투 메이커 레저베이션 포 투 나이츠 넥스트 윅

예약을 취소하고 싶습니다.

Please cancel my reservation.

플리즈 캔슬 마이 레저베이션

욕실이 딸린 싱글 룸이 필요한데요.

I'd like a single room with bath.

아이드 라이커 싱글 룸 위드 배쓰

기본표현

고객대응

매장별분류

지불하기

트러블처리

레스토랑

레저·관광

호텔

교통

외출

이번 주말에 예약이 꽉 찼습니다.

We are fully-booked on this weekend.

위 아 풀리북트 온 디스 위켄드

1박에 얼마입니까?

How much for a night?

하우 머취 포러 나잇

아침 식사는 포함입니까?

Is breakfast included?

이즈 브레익퍼슷 인클루디드

Does this rate include breakfast?

더즈 디스 레잇 인클루드 브레익퍼슷

더 싼 방은 없습니까?

Don't you have a cheaper room?

돈츄 해버 취퍼 룸

성함을 말씀해 주십시오.

May I have your name?

메아이 해뷰어 네임

이 숙박 카드에 기입해 주십시오.

Please fill in the registration card.

플리즈 휠린 더 레쥐스트레이션 카드

002 체크인 하기

체크인 하겠습니다.

I'd like to check in.

아이드 라익 투 체킨

예약을 하셨습니까?

Do you have a reservation?

두 유 해버 레저베이션

제 이름은 박영진입니다. 예약을 했어요.

My name is Park Youngjin. I have a reservation.

마이 네임 이즈 박영진. 아이 해버 레저베이션

싱글[트윈]로 예약했습니다.

I have a reservation for a single[twin].

아이 해버 레저베이션 포러 싱글[트윈]

이 숙박 카드를 기입해 주십시오.

Please fill in the registration card.

플리즈 필린 더 레쥐스트레이션 카드

예약은 취소하지 마세요.

Please don't cancel my reservation.

플리즈 돈 캔슬 마이 레저베이션

짐을 옮겨드릴까요?

May I move your luggage?

메이 아이 무브 유어 러기쥐

이것이 예약 확인증입니다.

Here's the confirmation slip.

히어즈 더 칸퍼메이션 슬립

지불은 어떻게 하시겠습니까?

How would you like to pay for the charge?

하우 우쥬 라익 투 페이 포 더 차쥐

신용카드[현찰]로 지불하겠습니다.

I'll pay with my credit card[in cash].

아일 페이 위드 마이 크레딧 카드[인 캐쉬]

숙박료는 1박에 얼마입니까?

What's the rate for a room per night?

왓스 더 레잇 포러 룸 퍼 나잇

방을 바꾸고 싶습니다.

I would like to change my room.

아이 우드 라익 투 체인쥐 마이 룸

더 좋은 방이 있습니까?

Do you have any better ones?

두 유 해버니 배러 원스

더 큰 방을 주시겠어요?

Could you give me a larger room?

쿠쥬 깁미 어 라저 룸

이 방은 마음에 안 들어요.

I don't like this room.

아이 돈 라익 디스 룸

이 방으로 할게요.

I'll take this room.

아일 테익 디스 룸

기본표현

고객대응

맛집별미문

지불하기

트러블처리

레스토랑

레저·관광

호텔

교통

화술

손님, 이 방은 전망이 좋아서 마음에 드실 겁니다.

This room has a nice view and you'll like it.

디스 룸 해저 나이스 뷰 앤 유일 라이킷

전망이 좋은 방을 주세요.

I'd like a room with a nice view.

아이드 라이커 룸 위더 나이스 뷰

호수가 보이는 방을 원합니다.

I'd like a room with a view of the lake.

아이드 라이커 룸 위더 뷰 어브 더 레익

🔍 관련 어휘

• 1인실	single(room)	싱글(룸)
• 2인실	twin(room)	트윈(룸)
• 선불	advance payment	어드밴스 페이먼트
• 스위트룸	suite	스위트
• 예약	reserve	리저브
	book	북
• 지불	payment	페이먼트
• 체크아웃	check-out	체카웃
• 체크인	check-in	체킨
• 취소	cancel	캔슬
• 현금	cash	캐쉬

004 서비스 부탁하기

아침 식사는 어디서 먹나요?

Where can I have breakfast?

웨어 컨 아이 햅 브랙퍼스트

아침 식사는 몇 시까지입니까?

Until what time is breakfast served?

언틸 왓타임 이즈 브레익퍼슷 서브드

귀중품을 보관하고 싶은데요.

I want you to take my valuables.

아 원츄 투 테익 마이 밸류어블즈

Can you keep my valuables.

컨 유 킵 마이 밸류어블즈

열쇠를 보관해 주시겠습니까?

Will you keep my key?

윌 유 킵 마이 키

열쇠를 주시겠습니까?

Can I have my key?

컨 아이 햅 마이 키

팩스를 쓸 수 있습니까?

Can I send a fax?

컨 아이 센드 어 팩스

방 청소를 해 주세요.

Please have my room made up.

플리즈 햅 마이 룸 메이덥

비상구는 어디입니까?

Where's the fire exit?

웨어즈 더 화이어 엑짓

저한테 온 메시지는 있습니까?

Do you have any messages for me?

두 유 해버니 메씨쥐스 포 미

이 서류를 한 부 복사해 주시겠습니까?

Could you make a copy of this document?

쿠쥬 메이커 카피 업 디스 다큐먼트

기본표현

고객대응

매장별분류

지불하기

트러블처리

레스토랑

레저·관광

호텔

교통

회슬

- 내선   extension 익스텐션
- 다림질   pressing 프레싱
- 대리주차   valet parking 밸릿 파킹
- 드라이클리닝   dry cleaning 드라이클리닝
- 룸서비스   room service 룸서비스
- 모닝콜   wake-up call 웨이컵 콜
- 사장   manager 매니저
- 샤워   shower 샤워
- 세탁   laundry 론드리
- 여종업원   chamber-maid 체임버메이드
- 욕실   bathroom 배스룸
- 전화   telephone 텔러폰
              phone 폰
- 종업원   bellboy 벨보이
- 직통전화   direct dialing 다이렉트 다이얼링
- 콜렉트콜   collect call 컬렉트콜
- 팁   tip 팁
- 팩스   facsimile 팩시밀리
              fax machine 팩스머신

룸서비스를 부탁합니다.

Room service, please.

룸 써비스 플리즈

모닝콜을 해주었으면 좋겠네요.

I'd like a wake-up call, please.

아이드 라이커 웨이컵콜 플리즈

» 모닝콜은 콩글리쉬이므로 wake-up call이라고 해야 한다.

7시에 깨워 주시겠습니까?

Will you wake me up at 7?

윌 유 웨익 미 업 앳 쎄븐

어느 정도 시간이 걸립니까?

How long will it take?

하우 롱 윌릿 테익

아침 식사 좀 갖다 주시겠어요?

Would you bring my breakfast to my room?

우쥬 브링 마이 브레익퍼슷 투 마이 룸

룸서비스는 9번을 누르시면 됩니다.

Please press nine for room service.

플리즈 프레스 나인 포 룸 서비스

계산은 제 방으로 달아 놓으세요.

Will you charge it to my room?

윌 유 차지 잇 투 마이 룸

세탁 서비스를 부탁합니다.

Laundry service, please.

런드리 써비스 플리즈

이 바지를 다림질해 주었으면 합니다.

I want these pants pressed.

아이 원트 디즈 팬츠 프레쓰트

방에 보관 금고가 있나요?

Do you have a safety box in the room?

두유 해버 세이프티 박스 인더 룸

🔍 관련 어휘

• 5성의, 최고급의	five-stars 파이브스타즈
• 계단	staircase 스테어케이스
• 로비	lobby 라비
• 별관	annex 어넥스
• 복도	corridor 코리더
• 본관	main building 메인 빌딩
• 비상구	emergency exit 이머전시 엑시트
• 비즈니스 센터	business center 비즈니스 센터
• 쇼핑가	shopping arcade 샤핑 아케이드
• 수영장	swimming pool 스위밍 풀
• 술집	barroom 바룸
• 식당	restaurant 레스토런트
• 신관	new building 뉴 빌딩
• 에스컬레이터	escalator 에스컬레이터
• 엘리베이터	elevator 엘리베이터
	lift 리프트
• 찻집	coffee shop 커피샵
	tearoom 티룸
• 체육관	gymnasium 짐네이지엄
• 카운터	counter 카운터
• 프런트	front desk 프런트데스크
• 호텔	hotel 호우텔
• 홀	hall 홀
• 화장실	lavatory 라버토리
	rest room 레스트룸
• 휴대품 보관소	cloakroom 클로욱룸
	checkroom 첵룸

통신 이용하기

인터넷 서비스를 이용하고 싶습니다.

I want to use the Internet service.

아이 원투 유즈 디 이너넷 서비스

이메일을 체크하고 싶어요.

I want to check my e-mail.

아이 원 투 첵 마이 이메일.

>> 이메일의 표기는 e-mail 또는 email 모두 괜찮다.

2층에 인터넷이 가능한 컴퓨터가 있습니다.

Computers with Internet access available are on the 2nd floor.

컴퓨터즈 윗 인터넷 액세스 어베일러블 아 온 더 세컨드 플로어

팩스는 있습니까?

Do you have a fax machine?

두 유 해버 팩스 머신?

한국으로 팩스를 보내고 싶어요.

I'd like to send a fax to Korea.

아이드 라익 투 샌더 팩스 투 커리어

국제전화를 걸고 싶습니다.

I want to make an overseas phone call.

아이 원투 메이컨 오버씨즈 폰 콜

통화 후 요금을 알려주세요.

Let me know the charge later.

렛 미 노우 더 차쥐 레이터

방에서 한국으로 전화할 수 있나요?

Can I make a call to Korea from my room?

컨아이 메이커 콜 투 커리어 프럼 마이 룸

전화를 끊고 기다려 주십시오.

Please hang up and wait.

플리즈 행업 앤 웨잇
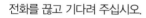

콜렉트 콜은 어떻게 겁니까?

How can I make a collect call?

하우 컨 아이 메이커 컬렉트 콜

전화 연결이 좋지 않네요.

We have a bad connection.

위 해버 뱃 커넥션

007 트러블 호소

방에 열쇠를 둔 채 잠가 버렸습니다.

I've locked my key in my room.
아이브 락트 마이 키 인 마이 룸

I locked myself out.
아이 락트 마이셀프 아웃

열쇠를 잃어버렸습니다.

I lost my room key.
아이 로스트 마이 룸키

TV가 작동하지 않습니다.

The TV doesn't work.
더 티비 더즌 워크

The TV is out of order.
더 티비 이즈 아우럽 오더

전화가 고장입니다.

The phone is not working.
더 폰 이즈 낫 워킹

곧바로 해결해 드리겠습니다.

We'll take care of that immediately.

월 테익 케어럽 댓 이미디에잇틀리

전기가 나갔어요.

There is no electricity.

데어리즈 노우 일렉트리서티

전등이 하나 나갔습니다.

A light bulb burnt out.

어 라잇 벌브 번트 아웃

뜨거운 물이 나오지 않습니다.

There's no hot water.

데어즈 노 핫 워러

변기 물이 작동하지 않습니다.

The toilet doesn't flush.

더 토일럿 더즌 훌러쉬

변기가 막혔어요.

The toilet is blocked.

더 토일럿 이즈 블락트

화장실 휴지가 없어요.

There is no toilet paper.

데어리즈 노우 토일럿 페이퍼

세면대가 막혔어요.

The sink is all clogged up.

더 싱크 이즈 올 클락드 업

옆방이 매우 소란스럽습니다.

The next room's very noisy.

더 넥슷 룸스 베리 노이지

방이 아직 청소되어 있지 않습니다.

My room hasn't been cleaned yet.

마이 룸 해즌 빈 클린드 옛

방에 바퀴벌레가 있어요.

There are cockroaches in the room.

데어라 칵로우취즈 인 더 룸

창문이 깨졌습니다.

The window is broken.

더 윈도우 이즈 브로큰

창문을 열 수가 없네요.

I can't open the window.
아이 캔트 오픈 더 윈도우

침대등이 켜지지 않아요.

The side-lamp doesn't turn on.
더 사이드램프 더즌트 턴 온

기본표현

고객대응

매장별분류

치즈하기

트러블처리

레스토랑

레저 · 관광

호텔

교통

회술

🔍 관련 어휘

• 바닥	floor 플로어
• 샤워커튼	shower curtain 샤워커튼
• 수도꼭지	tap 탭
• 쉐이버	disposable shaver 디스포저블 쉐이버
• 쓰레기	litter 리터
• 전등	lamp 램프
• 침대시트	bed sheet 벳 쉬트
• 화장대	dresser 드레서
• 화장지	toilet paper 토일릿 페이퍼

PART **09**

교통
Means of transportation

우리나라는 대중교통이 비교적 잘 갖추어져 있지만 외국인 상대로 한 콜밴 등의 호객 행위로 눈살을 찌푸리게 하는 경우도 있다. 택시나 열차, 공항, 페리에서 사용할 수 있는 간단한 영어 한 마디 익혀두자.

001 길 안내

 백화점은 어디에 있습니까?

Where's the department store?

웨어즈 더 디파트먼트 스토어

 걸어서 몇 분 걸립니까?

How many minutes by walking?

하우 메니 미닛츠 바이 워킹

런던타워로 가려면 어떻게 해야 합니까?

How can I get to Tower of London?

하우 컨 아이 겟 투 타워 어브 런던

 Please tell me the way to the Tower of London?

플리즈 텔 미 더 웨이 투 더 타워 어브 런던

 여기에서 가깝습[멉]니까?

Is it near[far from] here?

이짓 니어[파 프럼] 히어던

 거기까지 걸어서 갈 수 있습니까?

Can I walk there?

컨 아이 웍 데어

월 스트리트는 여기서 어떻게 가야 되나요?

How can I get to Wall Street from here?

하우 컨 아이 겟 투 월 스트릿 프럼 히어

걸어서 15분 걸립니다.

It takes about 15 minutes on foot.

잇 테익스 어바웃 피프틴 미니츠 온 풋

꽤 멀어요.

It's quite a way.

잇스 콰이러 웨이

다음 모퉁이에서 우측으로 도세요.

Turn right at the next corner.

턴 라잇 앳더 넥스트 코너

직진하세요.

Go straight ahead.

고우 스트레잇 어헤드

기본표현

고객대응

매장별문의

지불하기

트러블처리

레스토랑

레저·관광

호텔

교통

회술

뒤돌아 가세요.

You should turn back.

유 슈드 턴백

저도 같은 방향입니다.

I'm going that way.

아임 고잉 댓 웨이

저도 초행길이어서 잘 모르겠습니다.

I have no idea because I'm a stranger, too.

아이 햅 노우 아이디어 비코즈 아임 어 스트레인저 투

이 길을 쭉 가면 됩니다.

It's way down the street.

잇스 웨이 다운 더 스트릿

약도를 그려드릴게요.

I'll draw a map for you.

아일 드로 어 맵 포 유

차를 타는 게 좋아요.

It's better for you to ride.

잇스 베러 포 유 투 라이드

지도에서 현재 위치는 여깁니다.

We are here on the map.

위아 히어 온 더 맵

기본표현

고객대응

매장별분류

지불하기

트러블처리

레스토랑

레저·관광

호텔

교통

회화

택시 타기

어디에서 택시를 탈까요?

Where can I get a taxi?

웨어 컨 아이 게러 택시

어디서 기다리고 있으면 됩니까?

Where should we wait?

웨어 슈드 위 웨잇?

우리 모두 탈 수 있습니까?

Can we all get in the car?

컨 위 올 게린 더 카?

트렁크를 열어 주시겠어요?

Would you open the trunk?

우쥬 오픈 더 추렁크?

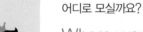

어디로 모실까요?

Where would you like to go?

웨어 우쥬 라익 투 고우

Where to, sir?

웨어 투 써

다저스 스타디움으로 가 주세요.

To Dodger's stadium, please.

투 다져스 스테이디엄 플리즈

월스트리트까지 가 주세요.

Take me to Wall Street.

테익 미 투 월 스트릿

이 주소로 좀 데려다 주시겠습니까?

Will you take me to this address?

윌 유 테익 미 투 디스 어드레스

인천공항까지는 2만 원 정도 나옵니다.

It's about 20,000 won to the Incheon Airport.

잇스 어바웃 투워니 싸우전드 원 투 디 인천 에어폿

서둘러 주시겠어요?

Could you please hurry?

쿠쥬 플리즈 허리?

Step on it.

스테퍼닛

기본표현
고객대응
매장별분류
지불하기
트러블처리
레스토랑
레저·관광
호텔
교통
화술

가장 가까운 길로 가 주세요.

Take the shortest way, please.
테익 더 숏티스트 웨이 플리즈.

택시로 기본 요금 정도 나올 겁니다.

I think it will be a basic fare by taxi.
아이 씽크 잇 윌 비 어 베이직 페어 바이 택시

여기서 기다려 주시겠어요?

Would you wait for me here?
우쥬 웨잇 포 미 히어?

여기서 세워 주세요.

Stop here, please.
스탑 히어 플리즈

Let me off here, please.
렛 미 오프 히어 플리즈

요금은 얼마입니까?

How much is the fare?
하우 머취 이즈 더 페어

How much do I owe you?
하우 머취 두 아이 오우 유

거스름돈은 그냥 두세요.

Keep the change, please.

킵 더 체인쥐 플리즈

제가 택시를 잡아드릴게요.

I'll catch a taxi for you.

아일 캐취 어 택시 포 유

호텔까지 택시비가 2만 원 나왔습니다.

The cab fare to the hotel was twenty thousand won.

더 캡 페어 투 더 호텔 워즈 트웬티 싸우전드 원

🔍 관련 어휘

• 개인택시	owner taxi 오우너 택시	
• 기본요금	basic[minimum] fare 베이직[미니멈] 페어	
• 미터	meter 미터	
• 신호등	traffic light 추레픽 라잇	
• 심야요금	late-night fare 레잇 나잇 페어	
• 택시승강장	taxi stand 택시 스탠드	
• 할증요금	extra fare 엑스트러 페어	
• 횡단보도	pedestrian crossing 피데스트리언 크로싱	

기본표현
고객대응
매장별분류
지불하기
트러블처리
레스토랑
레저 · 관광
호텔
교통
학습

003 버스 이용하기

가장 가까운 버스 정류장은 어디입니까?

Where's the nearest bus stop?

웨어즈 더 니어리슷 버스탑

이곳에서 그곳까지 운행하는 버스가 있습니까?

Are there any buses running between here and there?

아 데어 레니 버시즈 러닝 비튄 히어 앤 데어

버스 정류소는 어디에 있습니까?

Where's the bus stop?

웨어즈 더 버스탑

저쪽 모퉁이에 있습니다.

At the corner over there.

앳 더 코너 오버 데어

이 버스는 공항에 갑니까?

Does this bus go to the airport?

더즈 디스 버쓰 고우 투 디 에어폿

Do you go to the airport?

두 유 고우 투 디 에어폿

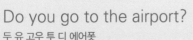

242

이 근처엔 버스 노선이 없습니다.

There is no bus service around here.

데어리즈 노우 버써비스 어라운드 히어

어느 버스가 덴버행입니까?

Which bus goes to Denver?

위치 버스 고우즈 투 덴버

어느 버스를 타야 하죠?

Which bus should I take?

위치 버스 슈다이 테이크

다음 버스는 몇 시입니까?

When is the next bus?

웨니스 더 넥슷 버스

미술관에 갑니까?

To the art museum?

투 디 아트 뮤지엄

거기까지 가는데 얼마나 걸릴까요?

How long will it take to get there?

하우롱 윌잇 테익 투 겟 데어

기본표현
고객대응
매장별로
지불하기
트러블처리
레스토랑
레저·관광
호텔
교통
회화

도착하면 가르쳐 주세요.

Tell me when we arrive there.

텔 미 웬 위 어라이브 데어

여기 관광버스 시간표가 있어요.

Here is a timetable of the tour bus.

히어리즈 어 타임테이블 업 더 투어 버스

여기에서 내릴게요.

I'll get off here.

아일 게로프 히어

This is my stop.

디시즈 마이 스탑

노팅검행 버스는 언제 출발하죠?

What time does the bus for
Nottingham leave.

왓 타임 더즈 더 버스 포 노팅검 리브

옥스퍼드행은 어디에서 출발하죠?

Where does the bus for Oxford
leave?

웨어 더즈 더 버스 포 악스퍼드 리브

>> 미국식 발음은 악스퍼드, 영국식은 옥스퍼드

산타페행 버스 요금이 얼마죠?

How much is a ticket to Santa Fe?

하우 머취 이저 티킷 투 샌터페이

도중에 내릴 수 있습니까?

Can I stop over on the way.

컨아이 스탑 오버 온더 웨이

열차·전철표 사기

매표소는 어디입니까?

Where's the ticket window?
웨어즈 더 티킷 윈도우

Where can I get tickets?
웨어 컨 아이 겟 티키츠

이 자동판매기 사용법을 가르쳐 주시겠습니까?

Will you show me how to use this vending machine?
윌 유 쇼우 미 하우 투 유즈 디스 밴딩 머신

브리스톨행 승차권 한 장은 얼마입니까?

How much is a ticket to Bristol?
하우 머취 이저 티킷 투 브리스톨

어른 둘, 어린이 한 명, 요금은 2천2백 원입니다.

Two adults, one child, the fare is twenty two hundred won.
투 어덜츠 원 촤일드 더 페어이즈 트웬티 투 헌드러드 원

맨체스터까지 요금이 얼마지요?

How much is the fare to Manchester?

하우 머취 이즈 더 페어 투 멘체스터

로스앤젤레스행 표 한 장 주십시오.

A ticket to Los Angeles, please.

어 티킷 투 로스앤절러스 플리즈

편도[왕복] 요금은 얼마입니까?

What's the one-way[round trip] fare?

왓스 디 원웨이[라운드 추립] 페어

급행 요금은 얼마입니까?

What's the express charge?

왓스 디 익스프레스 차쥐

알겠습니다. 손님. 몇 등석으로 드릴까요?

Okay, sir. Which class do you want?

오케이 써. 위치 클래스 두 유 원트

마지막 열차는 몇 시에 떠납니까?

What time does the last train leave?

왓 타임 더즈 더 라슷 트레인 리브

기본표현
고객대응
매장별분류
지불하기
트러블처리
레스토랑
레저·관광
호텔
교통
개술

005 열차를 탈 때

베를린행 열차는 어디입니까?

Where's the train for Berlin?

웨어즈 더 트레인 포 벌린

이건 마드리드행입니까?

Is this for Madrid?

이즈 디스 포 마드릿

보스턴행 열차는 곧 옵니까?

Is the train for Boston coming soon?

이즈 더 트레인 포 보스턴 커밍 순

마지막 열차를 탈 수 있을까요?

Can I catch the last train?

컨 아이 캐취 더 라슷 트레인

이곳이 보스턴행 승강장이 맞나요?

Is this the right platform for Boston?

이즈 디쓰 더 롸잇 플랫폼 포 보스턴

급행열차가 이 역에서 섭니까?

Do express trains stop at this station?
두 익스프레스 추레인즈 스탑 앳 디스 스테이션

갈아타야 합니까?

Do I have to transfer?
두 아이 햅 투 추렌스퍼

보스턴행 열차는 맞은편에서 타셔야 합니다.

You should take the train for Boston at the other side.
유 슈드 테익 더 츄레인 포 보스턴 앳 디 아더 사이드

그곳에 가려면 기차를 몇 번 갈아타야 합니까?

How many times do I change trains to get there?
하우 메니 타임즈 두 아이 체인쥐 트레인스 투 겟 데어

어디에서 기차를 갈아타야 하는지 가르쳐 주시겠습니까?

Will you tell me where to change trains?
윌 유 텔 미 웨어 투 체인쥐 트레인스

기본표현

고객대응

매장별분류

지불하기

트러블처리

레스토랑

레저·관광

호텔

교통

회습

006 열차 객실에서

이 자리에 손님이 있나요?

Is this seat taken?

이즈 디스 씻 테이큰

여기 앉아도 될까요?

Can I sit here?

컨 아이 씻 히어

차표 좀 보여주실까요?

May I see your ticket?

메아이 씨 유어 티킷

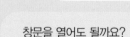

창문을 열어도 될까요?

May I open the window?

메아이 오픈 더 윈도우

식당 칸은 어디입니까?

Where is the dining car?

웨어리즈 더 다이닝 카

식당 칸은 몇 시에 엽니까?

What time does the dining car open?

왓 타임 더즈 더 다이닝 카 오픈

이 열차는 완행인가요?

Is this a local train?

이즈 디스 어 로컬 추레인

도중하차해도 되나요?

Can I stop over on the way?

컨아이 스탑 오버 온더 웨이

• stop over 도중하차하다, (여행 중) 잠시 머물다

지하철은 몇 시까지 운행되나요?

How late does the subway run?

하우 레잇 더즈 더 섭웨이 런

이 열차는 이번 역에서 약 3분간 정차하겠습니다.

This train makes a three-minutes stop at this station.

디스 추레인 메익스 어 쓰리 미닛 스탑 앳 디스테이션

기본표현

고객대응

매장별분류

지불하기

트러블처리

레스토랑

레저·관광

호텔

교통

화술

이 트렁크를 기내에 가지고 들어갈 수 있습니까?

Can I carry this suitcase in the cabin.

컨 아이 캐리 디스 숫케이스 인 더 캐빈

이건 기내로 갖고 갈 겁니다.

This is a carry-on baggage.

디시즈 어 캐리온 배기쥐

이건 기내 반입이 안 됩니다.

You cannot take this on the plane.

유 캐낫 테익 디스 온더 플레인

맡기실 짐이 있습니까?

Do you have any luggage to check in?

두유 햅 애니 러기쥐 투 체킨

이 짐을 부치겠습니다.

I'll check this baggage.

아일 첵 디스 배기쥐

* check (물건을) 물표를 받고 맡기다

어느 항공사를 이용하십니까?

Which airline are you taking?

위치 에얼라인 아 유 테이킹

탑승 게이트는 몇 번입니까?

What's the boarding gate number?

왓스 더 보딩 게잇 넘버

Could you tell me the boarding gate?

쿠쥬 텔미 더 보딩 게잇

☺ 관련 어휘

• 국내선	DOMESTIC	도메스틱
• 국제선	INTERNATIONAL	인터네셔널
• 도착 입구	ARRIVAL GATE	어라이벌 게잇
• 세관	CUSTOMS	커스텀즈
• 승객 도착	ARRIVED	어라입드
• 입국 관리	IMMIGRATION	이미그레이션
• 지연	DELAYED	딜레이드
• 출발 완료	DEPARTED	디파티드
• 출발 입구	DEPARTURE GATE	디파춰 게잇
• 탑승 대기	STAND-BY	스탠바이
• 탑승 중	BOARDING	보딩
• 탑승구 폐쇄	GATE CLOSED	게잇 클로즈드
• 탑승 입구	BOARDING GATE	보딩 게잇
• 항공편 착륙	LANDED	랜딩
• 환승편	CONNECTING FLIGHT	커넥팅 플라잇

008 페리에서

출항은 몇 시입니까?

What time does the ship leave?

왓 타임 더즈 더 쉽 리브

배가 얼마나 자주 출항합니까?

How often does the ship sails?

하우 오픈 더즈 더 쉽 세일즈

제 선실은 어디인가요?

Where is my cabin?

웨어리즈 마이 캐빈

뱃멀미로 속이 불편합니다.

I'm seasick. I don't feel well.

아임 씨식. 아이돈 필 웰

선내에 매점이 있나요?

Is there a shop on this ship?

이즈 데어러 샵 온 디스 쉽

몇 시에 승선합니까?

What time do we board?

왓 타임 두 위 보드

카디프에는 언제 도착합니까?

When will we arrive in Cardiff?

웬 윌 위 어라이빈 카디프

어느 항구에 정박합니까?

At which port do we stop?

앳 위치 포트 두 위 스탑

예정대로 운항하고 있나요?

Are we on schedule?

아 위 온 스케줄

🍃 관련 어휘

• 갑판	deck	덱
• 부두	pier	피어
• 선실	cabin	캐빈
• 여객선	ferry	페리
• 출항하다	set sail	셋 세일
• 쾌속정	speed boat	스피드 보트
• 하선하다	disembark	디셈박

기본표현

고객서응

매장별분류

지불하기

트러블처리

레스토랑

레저 · 관광

호텔

교통

회술

렌터카 이용

렌터카 회사가 이 근처에 있습니까?

Is there a car rental company near here?

이즈 데어러 카 렌탈 컴퍼니 니어 히어

어디에서 차를 빌릴 수 있을까요?

Where can I rent a car?

웨어 컨 아이 렌터 카

3일간 차를 빌리고 싶습니다.

I want to rent a car for three days.

아이 원투 렌터 카 포 쓰리 데이즈

하루에 요금이 얼마입니까?

What's the charge per day?

왓스 더 차쥐 퍼 데이

차를 어디에 반납해야 합니까?

Where do I return the car?

웨어 두 아이 리턴 더 카

샌프란시스코에서 차를 반납하고 싶은데요.

I'd like to return it in San Francisco.

아이드 라익 투 리턴 잇 인 샌프런시스코우

어떤 차종을 원하십니까?

What type of car would you like?

왓 타입 어브 카 우쥬 라익

종합보험을 들어 주세요.

With full coverage insurance, please.

위드 풀 커버리지 인슈어런스 플리즈

이게 제 국제면허증입니다.

Here's my international driver's license.

히어즈 마이 이너내셔널 드라이버즈 라이선스

☺ 관련 어휘

• 일방통행	ONE WAY 원 웨이	
• 일시정지	STOP 스탑	
• 정차금지	NO STOPPING 노우 스타핑	
• 제한속도	SPEED LIMIT 스피드 리밋	
• 주차금지	NO PARKING 노우 파킹	
• 진입금지	NO ENTRY 노우 엔트리	
• 추월금지	DO NOT PASS 두 낫 패스	

기본표현
고객대응
매장별포부
지불하기
트러블처리
레스토랑
레저·관광
호텔
교통
회습

shopping ~

화술
The Skill of Conversation

화술은 상대방을 나의 의도대로 설득시키는 작업으로 상대의 재미없는 얘기도 잘 들어줘야 하기도 하고 또 사교적 매너를 익히는 과정이기도 하다.

이해했는지 확인할 때

이해하시겠어요?

Do you understand (it)?

두 유 언더스텐드 (잇)

알겠어요?

Is that clear?

이즈 댓 클리어

>> 간결하고 딱딱한 표현

제 말뜻을 이해하시겠어요?

Do you understand what I mean?

두 유 언더스텐드 워라이 민

제가 하는 말을 이해하겠어요?

Do you see what I'm saying?

두 유 씨 워라임 쎄잉

제 말이 너무 빠른가요?

Am I speaking too fast?

앰 아이 스피킹 투 패스트

듣고 있어요?

Can you hear me?
컨 유 히어 미

다시 한 번 천천히 말씀해 주세요.

Say it slowly once more.
쎄이 잇 슬로울리 원스 모어

지금까지 제가 한 말을 이해하시겠어요?

Do you follow me so far?
두 유 팔로우 미 쏘 파

Are you with me so far?
아 유 위드 미 쏘 파

무슨 뜻인지 이해하시겠어요?

Do you understand the meaning?
두 유 언더스텐드 더 미닝

사정(내용)을 알았습니까?

Do you get the picture?
두 유 겟 더 픽쳐

>> 자신이 얘기하는 전체 그림(비유)을 상상할 수 있느냐는 표현

002 되묻는 표현

뭐라고 하셨지요? (정중한 표현)

I beg your pardon?
아이 백 유어 파든

Pardon me?
파든 미

>> 문장 중 한두 단어를 못 알아들었다는 의미.

죄송하지만 못 알아들었습니다.

I'm sorry, I didn't understand you.
아임 쏘리 아이 디든 언더스탠 듀

>> 좀 긴 문장의 의미를 이해하지 못한 경우.

~은 무슨 뜻인가요?

What do you mean by~?
왓 두유 민 바이

>> 특정 어휘가 무슨 뜻인지 모를 때 묻는 표현.

뭐라고요?

Excuse me?
익스큐즈 미

네?

Sorry?

쏘리

≫ 영어가 서툰 것은 어쩔 수 없는 일이지만 고객의 말을 이해하지 못했는데 아는 척하는 것은 정말 곤란한 일이다. 모르는 것은 백번이라도 모르겠다고 말할 수 있는 용기가 필요하다. 그래야 비즈니스에 신뢰를 줄 수 있다.

방금 뭐라고 말씀하셨죠?

Excuse me. What did you say just now?

익스큐즈 미. 왓 디쥬 쎄이 저슷 나우

잘 모르겠습니다.

I'm afraid I don't know.

아임 어프레잇 아이 돈 노우

≫ 말의 의미는 알아들었지만 모르는 일일 때.

뭐라고 했지?

You said what?

유 쎄드 왓?

정말인가요?

Really?

리얼리

003 질문하기

하나 물어봐도 됩니까?

May I ask you a question?

메아이 애스큐 어 퀘스천?

누구한테 물어봐야 하죠?

Whom should I ask?

훔 슈다이 애스크

제 질문에 답해 주세요.

Answer my question.

앤서 마이 퀘스천

모르시겠어요?

Do you give up?

두유 기법

이건 영어로 뭐라고 하죠?

What's this called in English?

왓스 디스 콜드 인 잉글리시

'조세 피난처'가 무슨 뜻인가요?

What does 'tax shelter' mean?

왓 더즈 택스 쉘터 민

이게 뭔지 가르쳐 주시겠어요?

Can you tell what this is?

컨 유 텔 왓 디스 이즈

이게 뭘 위한 거죠?

What's this for?

왓스 디스 포

당신이 영어를 배우는 목적은 뭔가요?

What's the point of your taking English lessons?

왓스 더 포인트 업 유어 테이킹 잉글리시 레슨즈

춥지요?

It's very cold, isn't it?

잇스 베리 콜드 이즌 잇

왜 그런 얘기를 하죠?

What makes you say that?

왓 메익스 유 세이 댓

004 의견을 물을 때

그녀를 어떻게 생각하세요?

What do you think of her?

왓 두 유 씽커브 허

이걸 어떻게 하면 될까요?

What should I do with this?

왓 슈다이 두 위디쓰

이건 어떻다고 생각하세요?

What do you think about this?

왓 두 유 씽 어바웃 디쓰

좋은 생각이 떠오르세요?

Can you come up with an idea?

컨 유 컴 업 위던 아이디어

제가 싫다고 하면 어떻게 되죠?

What if I say no?

와리프 아이 세이 노우

제가 무엇을 했으면 합니까?

What do you want me to do?

왓 두 유 원트 미 투 두

매우 훌륭한 의견입니다.

That's very nice view.

댓스 베리 나이스 뷰

제 의견에 대해 어떻게 생각하세요?

What would you say to my opinion?

왓 우쥬 세이 투 마이 오피니언

제가 어떻게 하면 될까요?

What am I supposed to do?

와램아이 서포우즈드 투두

여기에 대해 어떻게 생각하세요?

What's your opinion about this?

왓스 유어 오피니언 어바웃 디스

다른 의견 있으세요?

Is there another view?

이즈 데어 어나더 뷰

005 의중을 탐색할 때

당신은 누구를 지지하세요?

Who do you stand with?

후 두유 스탠드 위드

진심으로 하시는 말씀인가요?

Do you seriously mean what you say?

두유 씨리어슬리 민 와츄 쎄이

무엇을 할 생각이세요?

What do you want to do?

왓 두유 원 투두

그의 제안을 어떻게 처리하시겠어요?

What are you going to do with his proposal?

와 라유 고잉 투두 윗 히즈 프러포절

당신의 생각을 알아요.

I know what you are thinking.

아이 노우 와츄 아 씽킹

당신의 속셈을 모르겠군요.

I don't know what your game is.

아이 돈 노우 와 츄어 게임 이즈

제 진심을 당신에게 밝히고 싶지 않아요.

I'd rather not speak my ture feelings.

아이드 래더 낫 스피크 마이 추루 필링즈

어찌하실 생각이세요?

What's the idea?

왓스 디 아이디어

대통령이 되면 무엇을 하시겠습니까?

What would you do, if you are elected president?

왓 우쥬 두 입 유아 일렉팃 프레지던트

그의 의중을 알 수가 없다.

I have no idea of what's on his mind.

아이 햅 노우 아이디어 업 왓스 온 히즈 마인드

기본표현

고객대응

매장별분류

지불하기

트러블처리

레스토랑

레저·관광

호텔

교통

회술

화제를 바꿉시다.

Let's change the subject.

렛츠 체인쥐 더 섭직트

뭔가 다른 이야기를 합시다.

Let's talk about something else.

렛츠 톡 어바웃 썸씽 엘스

화제를 바꾸지 마세요.

Don't change the subject.

돈 체인쥐 더 섭직트

좀 더 재미있는 화제로 바꾸죠.

Let's change the subject to a more pleasant one.

렛츠 체인쥐 더 섭직트 투 어 모어 플레전트 원

그런데 말이죠.

By the way.

바이 더 웨이

그건 다른 질문이잖아요.

That's another question.

댓스 어나더 퀘스쳔

그건 그렇다 치고,

Apart from that,

어팟 프럼 댓

화제를 바꾸어 볼까요?

Can I change the subject?

컨아이 체인쥐 더 섭직트

나중에 다시 이야기합시다.

We will talk about it again.

위 윌 토커바우릿 어겐

본론으로 돌아가서,~

To return to the subject,~

투 리턴 투 더 섭직트

영화 얘기가 나와서 말인데 '아바타'를 보신 적이 있나요?

Talking of movies, have you ever watched 'Avatar'?

토킹 업 무비즈 해뷰 에버 워치트 아바타

이해했을 때

아, 무슨 말씀인지 알겠습니다.

Oh! I see what you mean.

오 아이 씨 왓츄 민

이해했어요.

I understand.

아이 언더스텐드

아, 알겠습니다.

Oh, I've got it.

오 아이브 가릿

Oh, I see.

오 아이 씨

네, 감 잡았습니다.

Sure, I got the picture.

슈어 아이 갓 더 픽쳐

>> Do you get the picture?에 대한 대답이다.

당신 기분이 어떤지 알겠어요.

I know how you feel.

아이 노우 하우 유 필

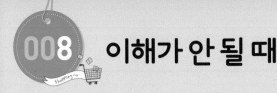

008 이해가 안 될 때

기본표현

고객대응

매장별분류

지불하기

트러블처리

레스토랑

레저·관광

호텔

교통

회상

이해가 안 됩니다.

I don't understand.

아이 돈 언더스텐드

무슨 말을 하는지 모르겠어요.

I don't follow you.

아이 돈 팔로우 유

당신 말씀을 이해할 수 없습니다.

I couldn't make out what you mean.

아이 쿠든 메이카웃 왓츄 민

이해하기 어렵군요.

It's tough to figure out.

잇스 터프 투 피겨라웃

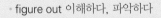

• figure out 이해하다, 파악하다

무슨 말인지 전혀 모르겠어요.

You're confusing me too much.

유어 컨퓨징 미 투 머취

009 찬성 표현하기

너와 동감이다.

I agree with you.
아이 어그리 위쥬

당신 계획에 찬성입니다.

I'm in favor of your plan.
아임 인 페이버럽 유어 플랜

저도 비슷한 느낌입니다.

I feel the same way.
아이 필 더 세임 웨이

알았어요. 당신 말이 맞아요.

OK. Point taken.
오우케이. 포인 테이큰

저도 그렇게 생각해요.

I think so, too.
아이 씽 소우 투

찬성합니다.

I'll buy that.

아일 바이 댓

알았어요. 당신 말이 맞아요.

OK. Point taken.

오우케이 포인 테이큰

기본표현

고객대응

매장별분류

지불하기

트러블처리

레스토랑

레저·관광

호텔

교통

회화

백번 옳은 이야기입니다.

I couldn't agree with you more.

아이 쿠든 어그리 위쥬 모어

바로 그겁니다.

Exactly.

익잭틀리

이의 없습니다.

There is no objection on my part.

데어리즈 노우 옵젝션 온 마이 팟

같은 생각입니다.

That makes two of us.

댓 메익스 투 업 어스

그렇게 생각할 수도 있죠.

You can think like that.

유 컨 씽크 라익댓

그럴지도 모르죠.

Could be so.

쿳 비 소우

저도 같은 의견입니다.

I'm of the same opinion.

아임 업 더 세임 오피니언

의심의 여지가 없습니다.

No doubt about it.

노우 다웃 어바우릿

그것도 일리가 있습니다.

You are talking sense.

유아 토킹 센스

당신 얘기 전부에 동의합니다.

I agree with all you said.

아이 어그리 윗 올 유 쎄드

제 생각도 그래요.

That's my idea, too

댓스 마이 아이디어 투

기본표현
고객대응
맛집별로
지불하기
트러블처리
레스토랑
레저·관광
호텔
교통
회화

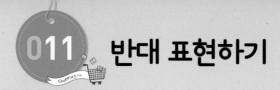

011 반대 표현하기

그렇게 생각하지 않습니다.

I don't think so.

아이 돈 씽 쏘

동의하지 않습니다.

I don't agree.

아이 돈 어그리

당신에게 찬성하지 않습니다.

I disagree with you.

아이 디스어그리 위쥬

그 계획에는 반대합니다.

I'm opposed to the plan.

아임 어포우즈드 투 더 플랜

유감이지만 아닙니다.

I'm afraid not.

아임 어프레이드 낫

미안하지만 찬성할 수가 없네요.

I'm afraid I have to disagree.

아임 어프레이드 아이햅투 디스어그리

제 견해는 다릅니다.

I see things differently.

아이 씨 씽즈 디퍼런틀리

그게 좋은 생각이라고는 생각하지 않아요.

I don't think it is a good idea.

아이돈 씽크 이리저 굿 아이디어

그 계획에 찬성할 수 없어요.

I can't agree to the plan.

아이 캔트 어그리 투더 플랜

그건 절대 반대입니다.

I'm absolutely against it.

아임 앱솔루틀리 어겐스팃

절대 안돼요!

No way!

노우 웨이

기본표현

고객대응

매장별분류

지불하기

드라이브처리

레스토랑

레저·관광

호텔

교통

회화

그건 당신 생각이죠.

That's what you think.

댓스 왓츄 씽크

저는 반대입니다.

I'm against that.

아임 어겐스트 댓

꼭 그렇지는 않아요.

Not necessarily so.

낫 네서세릴리 소우

그건 말도 안돼요.

It's out of the question.

잇스 아우럽 더 퀘스천

절대 그렇지 않아요.

Absolutely not so.

앱솔루틀리 낫 소우

저라면 그렇게 말하지 않겠어요.

I wouldn't say that.

아이 우든 쎄이 댓

012 부탁할 때

부탁 좀 해도 될까요?

Could you do me a favor?
쿠쥬 두 미 어 페이버

Can I ask you a favor?
컨 아이 애스큐 어 페이버

May I ask a favor of you?
메아이 애스커 페이버 어뷰

꼭 부탁드릴 게 하나 있습니다.

I have a big favor to ask you.
아이 해버 빅 페이버 투 애스큐

잠시 폐를 끼쳐도 될까요?

May I bother you for a moment?
메아이 바더 유 포러 모우먼

방해가 되지 않으면 좋겠군요.

I hope I'm not in the way.
아이 호웁 아임 낫 인 더 웨이

좀 도와주시겠어요?

Could you lend me a hand?

쿠쥬 렌드 미 어 핸드

여기 사인을 해 주세요.

Please sign here.

플리즈 사인 히어

잠시 시간 좀 있으십니까?

May I interrupt you for a second?

메아이 인터럽튜 포러 세컨드

잠깐 제 대신 좀 해 주시겠어요?

Can you take my place for a while?

컨 유 테익 마이 플레이스 포러 와일

당신의 도움이 필요합니다.

I need your help.

아이 니쥬어 헬프

013 권유할 때

먼저 하시죠.

After you, please.

앱터 유 플리즈

커피 한 잔 하시겠어요?

Would you like a cup of coffee?

우쥬 라익 어 컵 업 커피

내일, 저녁이나 하시겠습니까?

May I take you to dinner tomorrow?

메아이 테이큐 투 디너 투머로우

창문을 열까요?

Would you like me to open the window?

우쥬 라익 미 투 오픈 더 윈도우

맥주 한 잔 하시겠어요?

Would you like a glass of beer?

우쥬 라익 어 글래스 업 비어

014 제안할 때

기분 전환하러 산책 갑시다.

Let's go for a walk for a change.

렛츠 고 포러 웍 포러 체인지

시험 삼아 해 봅시다.

Let's try it out.

렛츠 추라이 잇 아웃

터놓고 얘기합시다.

Let's have a heart to heart talk.

렛츠 해버 핫투핫 톡

이제 그만합시다.

Let's beat it.

렛츠 비릿

오늘은 이만 합시다.

Let's call it a day.

렛츠 콜 이러데이

» 회사에서 업무를 마칠 때 하는 말.

이걸로 청산된 것으로 합시다.

Let's call it square.

렛츠 콜릿 스퀘어

≫ 빚이나 신세진 것을 청산한다는 뜻.

우리 팀 인원을 늘려달라고 제안해도 될까요?

May I suggest that we expand our team?

메아이 서제스트 댓 위 익스펜드 아워 팀

커피 마시면서 얘기해요.

Let's talk over coffee.

렛츠 톡 오버 커피

015 양해 구하기

여기서 담배 피워도 됩니까?

Would you mind if I smoke here?

우쥬 마인드 이파이 스목 히어

실례합니다.

Excuse me.

익스큐즈 미

잠깐 실례해도 되겠습니까?

Would you excuse me for a moment?

우쥬 익스큐즈 미 포러 모먼

여기 앉아도 되겠습니까?

Mind if I sit here?

마인드 이파이 싯 히어

여기에 주차를 해도 되겠습니까?

Is it Okay if I park here?

이짓 오케이 이파이 파크 히어

승낙할 때

물론이죠. 문제없어요.

Sure. No problem.

슈어 노 프라블럼

기꺼이 그러죠.

I'd be glad to.

아이드 비 글래드 투

가능한 일이라면 무엇이든 할게.

I'll do anything I can.

아일 두 애니씽 아이 컨

예. 그러지요.

Yes, certainly.

예쓰 써튼리

그렇고 말고요.

Of course.

옵 코스

기본표현
고객대응
매장별문구
지불하기
트러블처리
레스토랑
레저·관광
호텔
교통
쇼핑

017 거절할 때

미안하지만 할 수가 없어요.

I'm afraid I can't do it.

아임 어프레이드 아이 캔트 두잇

생각 좀 해보겠어요.

I'll give it some thought.

아일 기빗 썸 쏘트

안 되겠는데요.

I'd rather not.

아이드 래더 낫

I'm afraid not.

아임 어프레이드 낫

그건 무리한 요구입니다.

You are asking too much.

유 아 애스킹 투 머취

절대로 안 돼요!

Not a chance!

나러 챈스

그건 안되겠네요.

That's not possible.

댓스 낫 파서블

다음에 언제 기회가 있겠죠.

Maybe some other time.

메이비 썸 아더 타임

미안하지만 지금 바빠요.

I'm sorry but I'm busy now.

아임 쏘리 벗 아임 비지 나우

죄송하지만, 지금은 그럴 수 없습니다.

I'm sorry, but I can't right now.

아임 쏘리 벗 아이 캔트 라잇 나우

다음에 다시 기회를 주십시오.

Give me a rain check, please.

기브 미 어 레인 첵 플리즈

》 rain check: 우천으로 스포츠 경기가 취소될 경우 다음에 입장할 수 있도록 주는 표

이건 단지 제 사견입니다.

This is only my personal opinion.

디시즈 온리 마이 퍼스널 오피니언

당신 계획이 더 나은 것 같아요.

It seems to me that your plan is preferable.

잇 씸즈 투미 댓 유어 플랜 이즈 프리퍼러블

여타 분들과는 다른 의견을 갖고 있습니다.

I take a different view from other people.

아이 테이커 디퍼런트 뷰 프럼 아더 피플

개인적으론 그게 무난하다고 생각합니다.

Personally I think that is passable.

퍼스널리 아이 씽 대리즈 패서블

제 생각은 그렇습니다.

That's the way I see it.

댓스 더 웨이 아이 씨 잇

일반적으로 말하면 우리 회사 규정이 좀 엄격한 편입니다.

Generally speaking, the rules of our
company are somewhat strict.

제너럴리 스피킹 더 룰즈 업 아워 컴퍼니 아 섬홧 스트릭트

제 짐작으론 그녀가 대략 40세라고 봅니다.

My guess is that she would be
about forty.

마이 게시즈 댓 쉬 웃비 어바웃 포리

견해로는 현 상황이 좋지는 않습니다.

From my point of view, the
situation is not so good.

프럼 마이 포인어뷰 더 시츄에이션 이즈 낫 소우 굿

제가 보기엔 그건 문제가 되지 않아요.

As I see it, that doesn't matter.

애즈 아이 씨잇 댓 더즌 매러

그녀가 유망한 아가씨라고 생각하진 않아.

I don't think that she is a promising
girl.

아이돈 씽크 댓 쉬이저 프라미싱 걸

기본표현
고객대응
매장별근무
지불하기
트러블처리
레스토랑
레저·관광
호텔
교통
회화

그게 아마 내가 그녀에게 처음 한 키스일 거야.

I suppose it would be the first time I kissed her.

아이 서포우즈 잇 웃비 더 퍼스타임 아이 키스트허

아마 그는 내일 올 겁니다.

I imagine that he will come tomorrow.

아이 이매진 댓 히윌 컴 투모로우

안 그랬으면 좋겠네요.

I hope not.

아이 호프 낫

그 학급의 모든 학생이 그 사실을 알고 있다고 가정합니다.

I assume everyone of the class knows the fact.

아이 어슘 에브리원 업 더 클래스 노우즈 더 팩

다음엔 당신이 그 시험에 합격하길 바랍니다.

I hope you will pass the exam next time.

아이 호퓨 윌 패스 더 익젬 넥스타임

저는 그녀가 무죄라고 믿습니다.

I believe she is not guilty.

아이 빌리브 쉬 이즈 낫 길티

그녀가 내게 사랑에 빠졌다는 느낌이 든다.

I feel that she fell in love with me.

아이 필댓 쉬 펠인 럽 윗미

그녀가 부천에 가고 있는지 의심스럽다.

I doubt whether she is going to Bucheon.

아이 다웃 웨더 쉬 이즈 고잉 투 부천

기본표현

고객대응

매장별분류

지불하기

트러블처리

레스토랑

레저·관광

호텔

교통

학습

019 결정하기

결정하셨습니까?

Did you make up your mind?

디쥬 메이컵 유어 마인드

아직 결정을 못했습니다.

I haven't decided yet.

아이 해븐트 디사이딧 옛

그것은 만장일치로 결정되었습니다.

It was a unanimous decision.

잇워저 유네너머스 디시전

We passed that unanimously.

위 패스드 댓 유네너머슬리

그건 당신이 결정할 일이에요.

That's for you to decide.

댓스 포 유 투 디사이드

It's up to you.

잇섭 투유

그걸로 결정했어.

That settles it.

댓 세틀즈 잇

동전을 던져서 결정합시다.

Let's flip for it.

렛츠 플립 포 잇

어떻게 결정하셔도 저는 괜찮아요.

Whatever you decide is all right with me.

와레버 유 디사이드 이즈 올라잇 윗미

제 마음대로 결정할 수가 없습니다.

I can't settle it on my own authority.

아이 캔트 세를 잇 온 마이 오운 오쏘리티

여행 날짜를 정합시다.

Let's fix the day for the tour.

렛스 픽스 더 데이 포 더 투어

020 확신하는 표현

당신이 옳다고 확신해요.

I bet you are right.

아이 벳 유아 라잇

내기를 해도 좋아요.

I can even bet on that.

아이 컨 이븐 베론 댓

그건 제가 보증합니다.

I give you my word for it.

아이 깁 유 마이 워드 포릿

맹세합니다.

I swear.

아이 스웨어

그건 의심의 여지가 없습니다.

There's no question about it.

데어즈 노우 퀘스천 어바우릿

물론이죠!

Certainly!

서튼리

무슨 근거로 그렇게 확신하죠?

What makes you so positive?

왓 메익스 유 소우 파지팁

분명히 그녀도 당신을 그리워할 거예요.

I'm sure she will miss you too.

아임 슈어 쉬 윌 미스 유 투

기본표현

고객대응

매장별분류

지불하기

드라이브처리

레스토랑

레저 · 관광

호텔

교통

회화

021 예상과 추측

그럴 줄 알았어!

It figures.

잇 피겨즈

당신 예측이 딱 맞았어요.

Your guess was right on the nose.

유어 게스 워즈 라잇 온더 노우즈

우리 예상대로 결과가 나왔어요.

The result came up to our expectation.

더 리절트 케임업 투 아워 익스펙테이션

당신이 오리라고는 전혀 예상 못했어요.

I had no idea that you were coming.

아이 햇 노우 아이디어 댓 유 워 커밍

그건 전혀 의외의 상황이었어요.

That's a whole new ball game.

댓써 호울 뉴 볼 게임

전혀 짐작도 안 가요.

I haven't the faintest idea.

아이 해븐트 더 페인티슷 아이디어

네가 찬성해 줄 줄은 몰랐어.

I hardly expected to get your approval.

아이 하들리 익스펙팃 투 겟 유어 어프루벌

속단하지 마세요.

Don't jump to conclusions.

돈 점프 투 컨클루전즈

이건 예측불허의 상황이야.

These are unforeseeable circumstances.

디즈 아 언포씨어블 서컴스턴시즈

내가 보기엔 네가 요즘 살 찌는 거 같애.

It seems to me that you are gaining weight recently.

잇 씸즈 투 미 댓 유아 게이닝 웨앗 리슨틀리

그래요?

Is that so?

이즈 댓 소우

아, 그러세요?

Oh, do you?

오 두 유

아, 그러셨어요?

Oh, did you?

오 딧 유

계속 말씀하세요.

Go ahead.

고우 어헤드

네, 그렇고 말고요.

Yes, indeed.

예쓰 인디드

알겠습니다.

I understand.

아이 언더스탠드

진짜 그래요!

You can say that again!

유 컨 세이 댓 어겐

바로 그겁니다.

That's it.

댓스 잇

그거 좋군요.

That's good.

댓스 굿

짱이다!

Cool!

쿨

당연하죠!

Sure!

슈어

301

말씀 도중에 죄송합니다만….

Sorry to interrupt, but….

쏘리 투 인터럽 벗

말씀 중에 잠깐 실례를 해도 될까요?

May I interrupt you?

메아이 인터럽츄

뭐 좀 얘기해도 될까요?

May I come in to say something?

메아이 컴인 투 세이 섬씽

도중에 잠시 실례해도 괜찮으시다면,

If I may interrupt you, …

이프 아이 메이 인터럽츄

기다리세요.

Hold on!

홀드 온

잠시 기다리시겠어요?(정중한 말투)

Would you stop for a moment?

우쥬 스탑 포러 모먼트

내 말을 끝내게 해줘요.

Let me finish.

렛 미 피니쉬

말하는 중이니까 끼어들지 마세요.

Stop interrupting me while I'm talking.

스탑 인터럽팅 미 와일 아임 토킹

제가 말을 끝내야 해요!

Let me finish!

렛미 피니쉬

내 말은 곧 끝나요.

I'm just finishing.

아임 저스트 피니슁

024 말문이 막힐 때

글쎄./그런데.

Well.

웰

어디 보자.

Let me see.

렛 미 씨

잠깐만요.

Wait a minute.

웨이러 미릿

뭐랄까?

What shall I say?

왓 쉘 아이 쎄이

How should I say?

하우 슈드 아이 세이

말하자면,

I would say,

아이 우드 쎄이

부록

*국립국어원 발표

주요 한식명 로마자 표기 및 표준 번역

음식명	표기법	영어 번역
간장게장	Ganjang-gejang	Soy Sauce Marinated Crab
갈비찜	Galbi-jjim	Braised Short Ribs
갈비탕	Galbi-tang	Short Rib Soup
갈치조림	Galchi-jorim	Braised Cutlassfish
감자탕	Gamja-tang	Pork Back-bone Stew
강정	Gangjeong	Sweet Rice Puffs
겉절이	Geot-jeori	Fresh Kimchi
계란말이	Gyeran-mari	Rolled Omelet
고등어조림	Godeungeo-jorim	Braised Mackerel
곰탕	Gomtang	Beef Bone Soup
곱창전골	Gopchang-jeongol	Beef Tripe Hot Pot
구절판	Gujeol-pan	Platter of Nine Delicacies
김	Gim	Laver
김밥	Gimbap	Gimbap
김치볶음밥	Kimchi-bokkeum-bap	Kimchi Fried Rice
김치전	Kimchi-jeon	Kimchi Pancake
김치찌개	Kimchi-jjigae	Kimchi Stew
깍두기	Kkakdugi	Diced Radish Kimchi
낙지덮밥	Nakji-deopbap	Spicy Stir-fried Octopus with Rice
녹차	Nokcha	Green Tea
누룽지	Nurungji	Scorched Rice
닭볶음탕	Dak-bokkeum-tang	Braised Spicy Chicken
돌솥비빔밥	Dolsot-bibimbap	Hot Stone Pot Bibimbap
동치미	Dongchimi	Radish Water Kimchi
돼지국밥	Dwaeji-gukbap	Pork and Rice Soup
된장찌개	Doenjang-jjigae	Soybean Paste Stew
떡갈비	Tteok-galbi	Grilled Short Rib Patties
떡만둣국	Tteok-mandu-guk	Sliced Rice Cake and Dumpling Soup

떡볶이	Tteok-bokki	Stir-fried Rice Cake
막국수	Mak-guksu	Buckwheat Noodles
만두	Mandu	Dumplings
매운탕	Maeun-tang	Spicy Fish Stew
물냉면	Mul-naengmyeon	Cold Buckwheat Noodles
바지락칼국수	Bajirak-kal-guksu	Noodle Soup with Clams
밥	Bap	Rice
버섯전골	Beoseot-jeongol	Mushroom Hot Pot
보리밥	Bori-bap	Barley Rice
보쌈	Bossam	Napa Wraps with Pork
보쌈김치	Bossam-kimchi	Wrapped Kimchi
부대찌개	Budae-jjigae	Sausage Stew
불고기	Bulgogi	Bulgogi
불고기덮밥	Bulgogi-deopbap	Bulgogi with Rice
비빔국수	Bibim-guksu	Spicy Noodles
비빔냉면	Bibim-naengmyeon	Spicy Buckwheat Noodles
비빔밥	Bibimbap	Bibimbap
빈대떡	Bindae-tteok	Mung Bean Pancake
산채비빔밥	Sanchae-bibimbap	Wild Vegetable Bibimbap
삼겹살	Samgyeopsal	Grilled Pork Belly
삼계탕	Samgye-tang	Ginseng Chicken Soup
생선구이	Saengseon-gui	Grilled Fish
설렁탕	Seolleongtang	Ox Bone Soup
송편	Songpyeon	Half-moon Rice Cake
수육	Suyuk	Boiled Beef Slices / Boiled Pork Slices
수정과	Sujeonggwa	Cinnamon Punch
순대	Sundae	Korean Sausage
순댓국밥	Sundae-gukbap	Korean Sausage and Rice Soup
순두부찌개	Sundubu-jjigae	Soft Tofu Stew
식혜	Sikhye	Sweet Rice Punch
신선로	Sinseollo	Royal Hot Pot

쌈밥	Ssambap	Leaf Wraps and Rice
알탕	Altang	Spicy Fish Roe Soup
약과	Yakgwa	Honey Cookie
약식	Yaksik	Sweet Rice with Nuts and Jujubes
양념게장	Yangnyeom-gejang	Spicy Marinated Crab
열무김치	Yeolmu-kimchi	Young Summer Radish Kimchi
영양돌솥밥	Yeongyang-dolsot-bap	Nutritious Hot Stone Pot Rice
오징어덮밥	Ojingeo-deopbap	Spicy Stir-fried Squid with Rice
오징어볶음	Ojingeo-bokkeum	Stir-fried Squid
육개장	Yukgaejang	Spicy Beef Soup
육회	Yukhoe	Beef Tartare
인삼차	Insam-cha	Ginseng Tea
잡채	Japchae	Stir-fried Glass Noodles and Vegetables
장어구이	Jangeo-gui	Grilled Eel
전복죽	Jeonbok-juk	Abalone Rice Porridge
제육덮밥	Jeyuk-deopbap	Spicy Stir-fried Pork with Rice
제육볶음	Jeyuk-bokkeum	Stir-fried Pork
족발	Jokbal	Pigs' Feet
채소죽	Chaeso-juk	Vegetable Rice Porridge
추어탕	Chueo-tang	Loach Soup
칼국수	Kal-guksu	Noodle Soup
콩국수	Kong-guksu	Noodles in Cold Soybean Soup
콩나물국밥	Kong-namul-gukbap	Bean Sprout and Rice Soup
탕평채	Tangpyeong-chae	Mung Bean Jelly Salad
팥죽	Patjuk	Red Bean Porridge
한정식	Han-jeongsik	Korean Table d'hote
해물찜	Haemul-jjim	Braised Spicy Seafood
해물탕	Haemul-tang	Spicy Seafood Stew
해장국	Haejang-guk	Hangover Soup
호박죽	Hobak-juk	Pumpkin Porridge
회덮밥	Hoe-deopbap	Raw Fish Bibimbap

웹하드에서
mp3 파일 다운 받는 방법

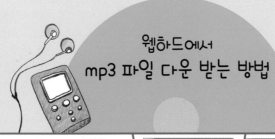

🎵 다운 방법

STEP 01	웹하드 (www.webhard.co.kr)에 접속 아이디 (vitaminbook) 비밀번호 (vitamin) 로그인 클릭

🔻

STEP 02	내리기전용을 클릭

🔻

STEP 03	Mp3 자료실을 클릭

🔻

STEP 04	판매왕 영어 회화를 클릭하여 다운